现代人最需要

的财经法律智慧

刘兴成◎著

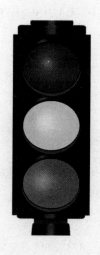

西南财经大学出版社
Southwestern University of Finance & Economics Press

图书在版编目（CIP）数据

现代人最需要的财经法律知慧/刘兴成著. —成都：西南
财经大学出版社，2014.5
ISBN 978-7-5504-1359-7

I.①现… II.①刘… III.①财政法—基本知识—中国②财经法—
基本知识—中国 IV.①D922.2

中国版本图书馆CIP数据核字（2014）第058666号

现代人最需要的财经法律知慧
XIANDAIREN ZUI XUYAO DE CAIJING FALÜ ZHIHUI
刘兴成　著

责任编辑：张明星
助理编辑：税晓莉
特约编辑：李　筱
封面设计：李尘工作室
责任印制：封俊川

出版发行	西南财经大学出版社（四川省成都市光华村街55号）
网　　址	http://www.bookcj.com
电子邮件	bookcj@foxmail.com
邮政编码	610074
电　　话	028-87353785　87352368
印　　刷	北京合众协力印刷有限公司
成品尺寸	165mm×230mm
印　　张	15.25
字　　数	190千字
版　　次	2014年5月第1版
印　　次	2014年5月第1次印刷
书　　号	ISBN 978-7-5504-1359-7
定　　价	35.00元

CONTENTS ◉目 录

专业化律师是需要，也是追求

对广大律师来说，专业化究竟意味着什么呢？也许每一位律师都各有自己的答案，但刘兴成律师显然有自己更深刻的体会。

首先，从客观上来讲，专业化律师是一种市场需求。随着我国律师事业的发展和经济方式的转型，专业化律师必然将越来越在市场经济的大潮中不断显现出其独特的魅力。表面看起来，刘兴成成为一名财经律师与其在求学经历中师从茅于轼先生和魏杰先生有关。但是，仔细深究可以发现，与其他专业律师的经历一样，刘兴成律师也是因为完全适应了市场的需求，才逐渐成为一名专门以财经法律业务作为自己专业方向的专业律师。其中通过给牟其中辩护，他发现，部分法官对现代经济不熟悉，缺少对信用证业务实际的了解与体会，以及我国现有法律建设和执法跟不上经济社会发展的实践等问题。信用证问题等一些经济方面的新问题，对许多司法工作者包括执业律师来说，都是一个很陌生且需认真研究和探索的问题。于是，市场经济的客观需求迫切需要越来越多的专业化律师提供法律服务。

其次，从主观上来讲，专业化律师是一种个人追求。尽管刘兴成成为律师似乎有些偶然，但从其成长经历来看，他成为一名专业律师又是一种必然。多年来扎实的理论学习和银行实务经验，让刘兴成在金融经济师和律师之间逐渐开辟出一条完全属于自己的新道路——"做一名真正意义上的财经律师"。

于是，刘兴成对自己的人生追求重新进行了定位："做一名在法律界懂财经的律师和在财经界懂法律的经济师。"在他看来，"财经律师"并不等同于自己是一名只做经济案件的律师，而是充分考虑到了自己的职业经历和律师专业化道路。

最后，从未来的发展方向来看，如果要成为一名专业律师，走向专业化又必然是一种苛求。其实，对一个律师来说，选择一个专业方向并不难，难的是你为自己的选择将做什么，做了什么。

刘桂明（《民主与法制》总编辑）

自　序

如果你想成为有钱人，你就去创造物质财富。

如果你想拥有更多的幸福，你就去创造精神财富。

如果你想把创造财富当作事业来做，你就得防范风险。尤其应把防范法律风险放在第一位，因法律风险往往是创造财富过程中最致命的风险。

创造财富和防范风险就是实务法律经济学。法律经济学是一门学科，中国和境外都有。法律经济学是用经济学方法研究法律问题的学问。

经济学是研究效率与公平的学问，而法律以公正与效率为目标，经济学与法学本身有交集的地方。可以说，市场经济是法治经济。

生活、企业、社会中的很多事项，往往很难说清楚是经济事项，还是法律事项。也许，这个事项既是经济事项，又是法律事项。

用法律学方法研究经济问题就是经济法律学吗？不是。目前，中国境内外均没有经济法律学这门学科。世界上不存在经济法律学，因为经济法是纯粹的法律范畴。但是，如果用法律学方法研究经济问题则成为法律经济学。

法律经济学是一门经济学与法学的交叉学科。因此，研究法律经济学，既要懂经济学，又要懂法律。从事法律经济学研究的人里，既有经济学家，也有法学家。

新制度经济学的鼻祖、1991年诺贝尔经济学奖得主罗纳德·哈里·科斯，是法律经济学的创始人。他的经典之作《社会成本问题》，是法律经济学创立的里程碑。

美国联邦上诉法院法官理查德·A.波斯纳，是法律经济学的代表人物。波斯纳1973年出版的《法律的经济分析》，是法律经济学百科全书式的经典作品，标志着法律经济学完整理论体系的建立。

1992年诺贝尔经济学奖得主、著有《人类行为的经济分析》的加里·贝克尔，与波斯纳合作出版了《反常识经济学》。该书是一部雅俗共赏的法律经济学著作。

经济学是关于经邦济世的学问。法律是关于权利和义务的规范。经济学和法律都具有实务性，作为经济学和法律交叉学科的法律经济学，必然具有实务性。法律经济学完全可以运用到人类生活和生产的各个方面。

国际上，一些诺贝尔经济学奖得主、大法官早就把法律经济学运用到了实践中。但在中国，法律经济学只是一门边缘学科，鲜为人知，甚至不少学经济或学法律的人都不知道。

中国的法律经济学著作汗牛充栋，但都是理论书籍，一般人看不懂，就不去看。这就是法律经济学在中国不普及、不流行的原因。

中国将发展市场经济和建设法治国家制定为国家战略。实现这个战略，需要大量的经济学人才和法律人才，也需要既懂经济又懂法律的复合型人才，需要法律经济学成为实务、普及的一门学科。

改革开放以来，经济学在中国逐渐成为显学，但法学目前还不是显学。

经济发展、社会稳定、国民权利和自由都对法治有强烈的需求，法学必然会成为中国的下一门显学。经济学和法学在中国都成为显学之日，就是中国经济、政治和社会改革过大关之时，就是中国的国际竞争力显著提升之时，中国的和平崛起便指日可待了。

第一章
什么妨碍中国人投资赚钱

补贴上市公司动了谁的奶酪

中国股市停留于熊底2年多之际，新闻媒体于2013年4月密集曝光，A股上市公司获得的政府补贴创历史新高。在探讨补贴上市公司利弊的时候，补贴上市公司究竟是否合法，是首先需要回答的问题。

大多数补贴没有合法性

据同花顺iFinD统计，已公布2012年年报的上市公司数据显示，2012年中国有1646家上市公司获得各种名目的政府补贴，总额达到564亿元。而2010年政府补贴上市公司400.35亿元，2011年的补贴额为470.48亿元，这一数据呈逐年上升之势，并在2012年再创历史新高。

相应地，近3年每一年都会诞生一名"被补贴冠军"，获得政府补贴的金额屡创新高。美的电器以获得24.99亿元的补贴成为2010年的"被补贴冠军"。中国石油以67.34亿元夺得2011年的"被补贴冠军"。2012年中国石油以94.06亿元的政府补贴获得双连冠。

凡是存在的都是合理的，但并不是凡是存在的都是合法的。从现存法律规定中寻找政府补贴的依据，就能得出答案。

政府补贴没有准确的定义，在会计准则上与政府补贴最接近的是政府补助。根据《企业会计准则第16号——政府补助》第二条规定，政府补助是指企业从政府无偿取得货币性资产或非货币性资产，但不包括政府作为企业所有者投入的资本。企业取得的政府补助，从来源上说主要有三类：一是财政补助，如财政拨款、财政贴息；二是税收返还，包括先征后返、即征即退等办法返还的税款；三是无偿划拨非货币性资产，如行政划拨的土地使用权、天然林等。

看来，政府补贴的去向是企业。那么，政府补贴的来源是什么？从众多上市公司的公告得知，政府补贴的资金一部分来自于中央财政拨付，多数来自省、市等地方政府财政。

《中华人民共和国预算法》第十九条规定，预算支出包括各项补贴支出，但该法律没有对补贴做出界定和详细的规定。对照法律规定，在以下三种情况下，可以运用政府补贴：

1.《中华人民共和国社会保险法》第十一条规定，政府补贴是基本养老保险基金的组成部分。

2.《中华人民共和国节约能源法》第六十一条规定，国家通过财政补贴支持节能照明器具等节能产品的推广和使用。

3.《中华人民共和国农业机械化促进法》第二十八条规定，国家根据农业和农村经济发展的需要，对农业机械的农业生产作业用燃油安排财政补贴。

对上市公司而言，只有从政府获得的节能产品推广和使用补贴、农业机械的农用燃油补贴，才具有合法性，其他的政府补贴都没有合法性。

《中华人民共和国预算法》第十二条和第十三条规定，全国人民代表大会及其常务委员会、地方各级人民代表大会及其常务委员会有预算的决定权和监督权。除法律直接规定的政府补贴外，上市公司获得的政府补贴如果得到人大及其常委会的批准，就具有合法性。

过往上市公司获得的政府补贴，大多数既没有法律直接规定的依据，也没有经过人大及其常委会的批准，因此不具有合法性。没有合法性的上市公司补贴，动了法律的奶酪。

补贴上市公司泛滥成灾

政府给予上市公司补贴，是中国A股市场普遍存在的现象。中国A股市场有超过九成的公司获得过政府补贴。

上市公司获得政府补贴的名目繁多，有产业发展基金和各类奖励，也有搬迁补偿、贷款贴息、上市费用补贴、节能减排补贴、产品推广补贴等，其中贴息是最常见的补贴项目。

上市公司补贴已经普及化，超出了合法性的范围，有泛滥成灾的趋势。动了法律奶酪的上市公司补贴，不仅损害法律尊严，在经济上也是弊大于利，得不偿失。

第一，补贴上市公司扭曲了科学发展的政绩观。一些地方政府将有多少家上市公司作为政绩和面子，通过政府补贴挽救濒临退市的ST公司，将不正当保有上市公司壳资源作为中国资本市场的"潜规则"，将有限的资源投放给经营不善的企业，造成经济资源错配，不当地强化了以GDP为纲。

第二，上市公司补贴破坏了证券市场的有序发展，让股市丧失了优胜劣汰的市场功能。上市公司获得大量政府补贴，导致公司的业绩与其经营业务脱钩，造成会计信息扭曲，使上市公司公布的业绩并不能真实、客观地反映其盈利水平。一家前三季度巨亏的上市公司，由于有巨额政府补贴，全年可以扭亏为盈。一家预期会得到政府补贴而高盈利的上市公司，会因为政府补贴落空而盈利大减，甚至转盈为亏。同理，2012年以前的5年里，中国A股市场无一家公司退市，就是政府补贴让股市不再优胜劣汰的结果。

第三，政府补贴导致股市劫贫济富，扩大了中国的贫富分化鸿沟。上市公司得到的政府补贴来源于纳税人，政府通过上市公司将财富分配给公司股东、高管和投资者，用穷人的财富接济富人，结果是穷人愈穷，富人更富。

第四，补贴上市公司引发不正当竞争。拿财政资金补贴上市公司，挤压了中小企业的生存空间，对没有上市的公司来说不公平；上市公司获得的政府补贴中七成给了国有公司，这对上市的民营公司不公平，会导致国进民退，整体经济效率降低，成本上升。

第五，政府补贴会让上市公司患上补贴依赖症，上市公司越补越弱。补贴上市公司，就像不给已经长大的小孩断奶，这样的小孩即使成年了也无法独立和成熟起来。无论是在发达国家，还是在发展中国家，没有一家公司靠政府补贴成长为有竞争力的公司。上市公司都是基础较好的公司，应当靠不断提升竞争力获得进一步发展。

第六，政府补贴上市公司模糊了所有权的界限。根据《中华人民共和国物权法》的有关规定，国家、政府、事业单位、企业、社会团体、私人分别有自己的所有权，产权应当是清晰的。政府补贴上市公司一旦泛滥，就会逐渐模糊所有权的界限，这是市场经济的大忌。

第七，补贴上市公司制造了更多的寻租机会。由于地方政府补贴上市公司的行为不规范，补贴随意性大，信息不公开，会产生政府对上市公司的利益输送，带来腐败和权力寻租，附加衍生出代理上市公司寻求补贴的"补贴掮客"，政府补贴俨然成了接近权力之人的致富源泉。

第八，政府补贴会成为中国上市公司走向海外市场的障碍。中国加入世界贸易组织（WTO）后，要受到WTO有关政府补贴的约束，否则就会遭遇反倾销、反补贴对待，不利于中国上市公司国际化。

上市公司补贴何去何从

具有合法性的上市公司补贴，要么对中国发展节能环保产业有积极作用，要么是经过人大及其常委会批准用于公共开支，提供公共服务，降低社会成本，增进社会效益。

多数专家没有从合法性方面考虑上市公司补贴问题。在假定所有上市公司补贴都合法的前提下，南京财经大学张玉和建议，我国要制定"政府补贴法"，对中央政府特别是地方政府的补贴行为严格规范，形成公开、公正、透明的补贴体制，使政府官员不能随便挥霍纳税人的钱，斩断官商勾结的渠道，以利于形成公平的市场竞争环境，使真正具有成长性的企业脱颖而出。

张玉和主张制定"政府补贴法"的出发点和归宿点很好，但我国大多数上市公司补贴不合法，制定"政府补贴法"就把现在不合法的上市公司补贴合法化了。如果现在不合法的上市公司补贴利大于弊，制定"政府补贴法"是有必要的。关键在于，现在不合法的上市公司补贴弊大于利，得不偿失，即使合法化了，也照样得不偿失。因此，我国没有必要制定专门的"政府补贴法"。

我国虽然没有统一的"政府补贴法"，但我国的法律有关于政府补贴企业的规定，只是对法律规定执行乏力。上市公司不能比非上市企业高人一等，不应该有超越法律的特权，应当严格按照法律规定得到补贴。

不具有合法性的上市公司补贴，没有存在的必要，今后应当禁止发放不具有合法性的上市公司补贴。

禁止发放不具有合法性的上市公司补贴，有利于我国实现财政平衡。2013年以前的十年，我国财政收入平均以两位数的速度增长，政府积累了太多的财富用不完，导致补贴上市公司泛滥成灾。2014年后，中国要实现经济转型和结构调整，经济增长速度势必放缓，财政收入增速势必变小，财政支出也会相应减少。此时如果不及时禁止发放不具有合法性的上市公司补贴行为，上市公司补贴会成为我国财政支出的沉重负担，且中国上市公司的竞争力也难以得到实质性的提升。

厘清补贴上市公司有没有合法性，是回答上市公司补贴何去何从的前提。不合法地补贴上市公司，政府补贴对上市公司只有短期生存效应，没有长期发展效应。合法地补贴上市公司，政府和上市公司能够实现经济效益和社会效益的双赢。

禁止发放不合法的上市公司补贴，才能使靠补贴生存的上市公司摆脱"亏损—获得补贴—再连续亏损—再获得补贴"的恶性循环，获得新生的机会。

为什么要立法保护投资自由

2003年10月，河北企业家孙大午因"非法吸收公众存款罪"被判刑，当时法学界、经济学界、新闻界不谴责孙大午，反而对其同情有加。2009年12月，年轻的浙江商人吴英因"集资诈骗罪"被一审法院判处死刑，辩护律师却给吴英作无罪辩护，社会各界也纷纷声缓吴英，此案又引起很大争议。这两宗罪表面上看起来是融资法律问题，实质上是中国国民的投资自由问题。

消费自由、投资自由一个都不能少

改革开放以来，中国离凭票购买商品和服务的经济制度渐行渐远，粮票、布票等票证成了收藏品，凭单位证明、处级以上干部才能坐飞机的时代一去不复返了。相比计划经济年代，进入市场经济社会的中国老百姓拥有了消费自由。

现在看起来很简单的消费自由，在30多年前是多少中国人的梦想。消费自由是市场经济的重要组成部分，对中国来说是一个非常了不起的进步。

需要巨大进步的还有投资自由。只要国有企业垄断着一些产业，老百姓和民营企业不能向铁路、金融、能源、电信等垄断行业自由投资，国民就算不上有投资自由。中国的投资自由度在世界排名第146位。

经济学研究表明，经济越自由，人均GDP越高，技术创新能力越强，经济越有活力，国民越幸福。投资自由是经济自由不可或缺的一部分，既是重大战略问题，又是国民的基本权利。没有投资自由，就不是真正的市场经济。投资自由在市场经济中的重要性，一点都不亚于消费自由。

投资自由有百利而无一害：

第一，投资自由有助于打破国有企业垄断，实现企业间自由竞争，平抑被垄断国企推高的物价，缓解中央政府治理通货膨胀的压力。

第二，投资自由能够引导民间资本进入实体经济，追求长期利润，远离房地产、艺术品、红酒等资产泡沫，将炒作经济变为务实经济，将投机行为变成投资行为。

第三，投资自由有助于防范民间资本无端流入境外，防止形成投资移民潮。国内有了投资自由，当美联储加息时，民间资本和热钱就不至于大量流向美国，避免中国发生类似东南亚金融危机一样的风险。

第四，投资自由可以提高投资效率，限制政府部门的"面子工程"和"政绩工程"，防止地方政府融资平台增加呆账和坏账，促进中国经济内涵式增长，实现科学发展。

第五，投资自由能增加就业量和就业率，提高国民可支配收入。老百姓有钱了，就会购买产品和服务，提高消费在国民经济中的比例，纠正过多依赖投资和出口的经济增长方式。

第六，投资自由有利于推动经济结构调整和产业升级，提高中国企业的国际竞争力。中国企业应当依靠核心竞争力进入世界五百强，而不是仅仅依赖在国内的垄断地位进入世界五百强。

第七，投资自由能使老百姓得到实惠，有利于改善民生，扩大中产阶级比例，缩小贫富差距，实现民富国强，让中国社会进入持久的稳定和真正的和谐状态。

第八，投资自由不会导致中国的国民经济命脉和国家安全出问题。发达的市场经济国家不像中国一样控制国有企业，其关系国民经济命脉和国家安全的行业，并没有被民营企业或外国资本不当控制和利用。美国不存在国有企业垄断国防工业、铁路、金融等行业的现象，但美国的经济安全和国家安全并没有被其他国家掌握。

立法促进民间投资，执法限制政府投资

虽然投资在市场经济中占有非常重要的地位，但中国目前没有一部关于投资的成文法律。中国的法律体系已经形成，但仍然存在着投资法律空白。

于是，中国投资市场上存在着"三等两样"的不公平现象：国有资本投资的国有企业，是"共和国的长子"；境外资本投资的三资企业，在政策上享有"超国民待遇"；民间资本投资的民营企业，在投资准入、融资、税收等方面困难重重，显得低人一等。

2004年3月14日，第十届全国人民代表大会第二次会议通过了宪法修正案，把《中华人民共和国宪法》第十一条第二款修改为："国家保护个体经济、私营经济等非公有制经济的合法的权利和利益。国家鼓励、支持和引导非公有制经济的发展，并对非公有制经济依法实行监督和管理。"

2005年2月19日，国务院颁发了《关于鼓励支持和引导个体私营等非公有制经济发展的若干意见》。几年以来，这个被称为"非公36条"的行政法规，在推动"民进国退"时收效甚微，"国进民退"的例子反而比比皆是。

2007年10月，胡锦涛总书记在党的十七大报告中提出"创造条件让更多群众拥有财产性收入"，倡导让老百姓拥有劳动收入以外的财产性收入，让老百姓的财富保值增值，这必然会涉及投资。

2010年5月7日，国务院颁布了《关于鼓励和引导民间投资健康发展的若干意见》。"民间投资36条"实施已满1年之际，国家发改委投资司副司长罗国三表示，铁路、金融、能源、市政公用事业等四个领域民间投资进入缓慢。中国国际经济交流中心副秘书长陈永杰认为，"民间投资36条"落实情况比"非公36条"落实情况更差。

如何突破民间资本在进入垄断领域时遇到的"玻璃门"和"弹簧门"①？第一，既然国务院的"非公36条"和"民间投资36条"，有"政令出不了中南海"的现象发生，就应当为投资自由立法。法律能够给国民和资本更确定的投资预期，国有企业总不至于敢明目张胆地违法阻挠民间投资。现在到了为投资自由立法的最佳时候，如果全国人大及其常委会能够制定和通过"中华人民共和国民间投资促进法"，并尽快将其颁布施行，就会从根本上保障投资自由，让彷徨不安的民间资本在中国大地上扎根。

---

① "玻璃门"指看得见，没有显性障碍，但却无法进入，强行进入会碰到头，其反映了民营资本的投资准入问题；"弹簧门"指进门之后，一不小心就被弹出来了，其折射出民营资本或民营企业被挤出来的问题。"玻璃门"和"弹簧门"现象显示，中国民营企业与国有企业在经济地位上不平等。

第二，政府部门和国有企业执行好《中华人民共和国预算法》（以下简称《预算法》），限制政府投资，禁止国有企业利用垄断地位排挤和阻碍民间投资。《预算法》第十九条规定，国有资产收益应当纳入预算收入，经济建设支出应当纳入预算支出。按照《预算法》的规定，国有资本投资应当纳入预算并接受人大监督，但实际上没有这么做，国有投资没有执行《预算法》的规定，自己另搞一套。加大《预算法》的执行力度和人大监督，应提上重要的议事日程。

第三，"民间投资促进法"出台后，再由地方人大或政府部门制定和推行"民间投资促进法"的实施细则，鼓励民间投资，支持民营经济发展。

中国国民一旦享有投资自由，投资市场就会产生更多合法的投资渠道和"财产性收入"。积蓄的民间资本之水被疏导至合法的投资出路，自然不会流向非法的投资去处，也就用不着让"非法吸收公众存款罪"和"集资诈骗罪"堵塞民间资本之水。

民间投资往何处去

民间资本现在能投资什么？实体经济很难赢利，税负很重，融资很难；房地产面临泡沫破灭的风险，政府正在严控；股市不知哪里是底部；基金亏得一塌糊涂；艺术品、红酒更不靠谱；金融、能源、公用事业等垄断行业进不去。在这种情况下，民间投资究竟向何处去？

谁来推动投资竞争

民间投资没有好去处的时候，应停下来想想为什么。为什么国务院出台的"非公36条"和"民间投资36条"落不到实处？主要原因是，投资环境还没有为民间投资提供公平竞争的平台。

这时候，民间资本和民营经济应当发出自己的声音，呼吁投资公平竞争，建设良好投资环境。

实际上并不存在意识形态歧视民间资本和民营经济的严重问题。中国人民大学经济学院副院长张宇声称，国有企业主要从事私有企业不愿意经营的行业。张宇不是不了解国情，就是故意发出"雷人"言论，但并不是矮化私有企业，而是在拔高私有企业。

手心手背都是肉。对于国家来说，国有投资、境外投资、民间投资都能贡献税收，提供就业，促进经济社会发展，应当是一样的。国家已经把保护民营经济的合法权益，鼓励和支持民营经济发展写入宪法。在政府部门，尤其是主管经济的官员眼里，国有企业与民营企业是一样的，只是国有企业和民营企业各有自己的优缺点和擅长的领域。

如果国有企业是"共和国的长子"，那么，民营企业就是共和国改革开放以来出生的小女儿。"共和国的小女儿"出落得秀外慧中，照样得到共和国的疼爱。

会哭的孩子有奶吃。民间投资遇到困难的时候，首先要向政府、学术界和新闻媒体反映情况，提出建设性的意见和建议，让政府出台解决民间投资困难的政策。当经常遭遇不公平对待的时候，民间投资应向国家立法部门提议制定和实施民间投资促进法与民间借贷法，以改善投资和融资环境，在投资领域获得公平竞争的机会。

如何控制投资风险

能控制投资风险的地方，就是民间投资的好去处。因此，民间投资要做足控制投资风险的功课。

在国内投资，民间投资应当注重法律和政策，不应当注重权力。法律和政策是稳定的，可以给民间投资明确的预期。中国历来有"新官不理旧账"的现象，如果冲着某位官员的权力去投资，该官员失去权力之日，就是该投资兑现风险之时。

到国外投资，民间投资理应注意投资所在国的政治风险。在法律体系健全的国家进行投资，风险是可控的。在政局不稳、法律混乱的国家投资，随时会有巨大的风险。只是发达的市场经济国家投资机会相对少，而政局不稳的发展中国家投资机会较多，民间投资应把握好投资收益与风险的平衡。

在具体投资项目上，第一，要做好项目的可行性研究和风险论证。应在投资前对项目相关法律法规、投资环境、行业等做充分的调研和科学分析，向律师、投资咨询机构咨询，权衡利弊得失。

第二，做好投资定位，进行与投资主体的资金、技术、人才等资源实力相匹配的投资。

第三，把握好熟悉与创新、短线收益与长期利润的尺度。

第四，对投资合作对象进行尽职调查，对合作对象的诚信和实力有明确的了解，选好投资对象，避免贪小便宜吃大亏。

第五，准确把握投资时机。"股神"巴菲特的投资秘诀是，"在别人恐惧时贪婪，在别人贪婪时恐惧"。说得直白一点就是，好买的时候买，好卖的时候卖。

第六，掌控投资的程序、进程和节奏，做到进退自如，防范被动违约和亏损。

投资地在哪里

实体经济处在最低谷的时候，正是投资者开始寻找投资实体经济机会的最佳时候。当很多投资者离开实体经济，实体经济的竞争程度下降，给民间投资带来收购、兼并的机会。实体经济在中低端制造业竞争激烈，但高端制造业和创新的实体经济领域，是民间资本投资实体经济的蓝海。

民间投资向垄断产业进军。《国务院关于鼓励支持和引导个体私营等非公有制经济发展的若干意见》（"非公36条"）既允许民间资本进入电力、电信、铁路、民航、石油、金融等垄断行业，又允许民间资本进入公用事业、基础设施、教育、科研、卫生、文化、体育等社会事业，甚至允许民间资本进入国防科技工业建设领域。《国务院关于鼓励和引导民间投资健康发展的若干意见》（"民间投资36条"）在"非公36条"基础上，进一步拓宽了民间投资的领域和范围。问题是民间投资鲜有进入垄断产业的实力，但民间投资可以进入为垄断产业配套的领域，或进入垄断产业的一个链条，等有了实力后再进入主体垄断产业。民间投资还可以联合起来进入垄断产业。

七大新兴产业对民间投资来说肯定充满吸引力。节能环保、新一代信息技术、生物、高端装备制造、新能源、新材料和新能源汽车七个产业，有些看起来很美，但由于现有技术不成熟，研发投入大，民间投资一冲动，就可能进入一个亏损的陷阱。不过，七大新兴产业是全新的产业机会，起点公平，民间投资完全可以根据自己的条件，有选择地在七大新兴产业上有所作为。

当上海综指跌到2200点上下的时候，中国2000多家上市公司的平均市盈率在10左右，有了投资的估值优势，民间投资可以短线抄底套利，有眼光的民间投资能找到很多具有长期投资价值的公司，大举买入股票。

如何打击内幕交易

在市场以为党的十八大召开前金融改革难有作为时，管理层的举动让市场大跌眼镜。2012年以来，金融改革风生水起。2012年上半年，金融改革进行得如火如荼，连内幕交易这种痼疾也拿出来打击和治理。

向权贵开刀，赢得改革民意

盘点金融改革的成果，在主流意识形态认为金融是国民经济的命脉，金融应当由国有资本控制的情况下，中央政府在金融领域里实现了思想解放。

时任中国人民银行研究局局长张健华，于2012年4月接受新华社记者采访时表示，金融本质上属于竞争性行业，是在竞争格局中向社会提供商品和服务。2012年4月，温家宝总理在广西、福建等地调研时宣布，中央已经统一思想，要打破金融垄断，解决民营资本进入金融业的问题。

由于温州出现高利贷泡沫和中小企业主"跑路"跳楼潮，加之浙江本色集团法定代表人吴英因民间借贷被两审法院判处死刑，浙江因祸得福，一跃成为金融改革大省。国务院批准设立温州市金融综合改革试验区后，紧接着中国人民银行和浙江省政府联合在丽水市开展农村金融改革试点。

在证券市场，郭树清于2011年年底任证监会主席以来，进行了大刀阔斧和雷厉风行的改革。改革措施有：向股市引入更多机构资金；调整IPO的定价体制；改变规则，降低上市公司退市难度；声明对内幕交易零容忍；强令上市公司分红，兑现投资回报；加大上市前的信息披露力度；让机构更多地参与定价环节等。

2012年5月22日，最高人民法院召开新闻发布会，通报将于2012年6月1日施行的《最高人民法院、最高人民检察院关于办理内幕交易、泄露内幕信息刑事案件具体应用法律若干问题的解释》情况，并披露了黄光裕案内幕交易、泄露内幕信息的详细情况。

《中华人民共和国刑法》第一百八十条规定了"内幕交易、

泄露内幕信息罪"：证券、期货交易内幕信息的知情人员或者非法获取证券、期货交易内幕信息的人员，在涉及证券的发行，证券、期货交易或者其他对证券、期货交易价格有重大影响的信息尚未公开前，买入或者卖出该证券，或者从事与该内幕信息有关的期货交易，或者泄露该信息，或者明示、暗示他人从事上述交易活动，情节严重的，处五年以下有期徒刑或者拘役，并处或者单处违法所得一倍以上五倍以下罚金；情节特别严重的，处五年以上十年以下有期徒刑，并处违法所得一倍以上五倍以下罚金。

该司法解释从犯罪数额和犯罪情节两个方面对内幕交易、泄露内幕信息罪的情节严重认定标准作出规定。具有以下情形之一的，应当认定情节严重：证券交易成交额在五十万元以上；期货交易占用保证金数额在三十万元以上；获利或者避免损失数额在十五万元以上；内幕交易或泄露内幕信息三次以上；具有其他严重情节的。犯罪数额5倍于情节严重的，认定为"情节特别严重"。

2007年4月，上市公司中关村拟与北京鹏润房地产开发有限公司进行资产置换，侦查机关和司法机关认定黄光裕、杜鹃、许钟民利用此事实施了内幕交易和泄露内幕信息行为。3人的内幕交易账面收益不到4亿元，3人总共被北京市第二中级人民法院判处有期徒刑20.5年，共被处以罚金9亿元，另外没收黄光裕个人财产2亿元。处罚不可谓不重，如果不是首富家庭，早就被罚得倾家荡产了。

2010年4月，曾任证监会副主席和国家开发银行副行长的王益，被报道靠内幕交易获利23倍，因受贿1196万元被法院判处死缓。

2011年10月，因犯内幕交易、泄露内幕信息罪及受贿罪，中山市原市长李启红被广州市中级人民法院一审判处有期徒刑11年，并处罚金2000万元，没收财产10万元。

回顾近年来因内幕交易落马的人员，有中国首富、副部级官员、女市长。这些被民众称为权贵人物的人能被内幕交易拉下马摔得很重，股民才会相信管理层和司法机关打击内幕交易不是只打"苍蝇"不打"老虎"，而是"苍蝇"和"老虎"一起打。

近年来，由于既得利益集团对金融改革的阻挠，金融改革停滞不前，不但没有惠及于民反而让既得利益集团进一步受惠，国民因此对金融改革失去了热情和信心。在内幕交易方面敢于向权贵开刀，为证券市场改革和整体金融改革重新赢得了民意支持。

赌市变股市，实现金融民主

道琼斯指数（Dow Jones Indexes）曾经对中国股市进行研究，得出内幕交易会腐蚀市场的结论。研究显示，2002年前10年中大部分获利是在股价上涨的10个特定交易日内发生的，即只有获知关键信息的投资者能够获利，其他投资者只是在碰运气。

因此，著名经济学家吴敬琏说："就像外国人说的：中国的股市很像一个赌场，而且很不规范。赌场里面也有规矩，比如你不能看别人的牌。而我们的股市里，有些人可以看别人的牌，可以作弊，可以搞诈骗。坐庄、炒作、操纵股价可说是登峰造极。"他的意思实际上是，中国的股市连赌场都不如。

近5年来，全国法院审结内幕交易、泄露内幕信息犯罪案件共22件，其中2007年1件，2008年1件，2009年4件，2010年5件，2011年11件。

内幕交易获利丰厚，很多人在股市上靠内幕消息赚钱。截至2011年底，中国有2342家上市公司。中国商品期货的成交量已连续数年名列全球第一。中国内幕交易、泄露内幕信息罪的立案标准不高，案件数量应当远远高于5年22个才对。

司法机关查办的内幕交易、泄露内幕信息犯罪案件数量，与实际发生的案件数量相距甚远，主要原因在于内幕交易的证据认定是世界难题。

证券、期货交易具有无纸化、信息化等特点，犯罪嫌疑人能够利用互联网、3G通信等先进技术传递信息和意图，加大了事后取证的难度和工作量。

以丁建明涉嫌内幕交易为例，开元集团董事长兼党委书记丁建明筹集了2000万资金，准备在股市上赚一把。江苏开元分配初案为"每10股派发现金红利1.1元"，但丁建明却指令"每10股送2股转增7股派1元现金"，并向操盘手发布了交易指令，在内幕交易敏感期内买入317万股江苏开元，并在确定分红后陆续卖出，获利1109万元。怎么证明丁建明有内幕交易行为？如果不是有人举报，此案不一定能破。

如果监管机构加大查处内幕交易的人力、物力，监管成本太高；如果监管机构按常规方式查处内幕交易，内幕交易暴露得太少。能否找到成本低廉而又能够有力查处内幕交易的方法？答案是走股民路线，发动股民，相信股民，依靠股民，还原股民监督内幕交易的权力。

第一，制定和实施内幕交易民事赔偿的司法解释，实行内幕交易举证责任倒置。一旦发现自己的股票投资损失可能与内幕交易有关，股民有权到法院起诉从事内幕交易者。被告如果能够自证清白但没有或拒绝自证清白，就要承担相应的赔偿责任。

第二，建立内幕交易的举报奖励制度。重赏之下，必有勇夫。

股民和其他民众本身就对内幕交易痛恨不已，举报奖励更能调动举报的积极性。中国可以借鉴国外的内幕交易举报奖励制度。美国法律规定，内幕交易举报者可获得内幕交易非法获利10%的奖金。如果中国也有这样的制度，举报黄光裕的人可获得近4000万元奖金。当然，由于奖励制度驱使人们尽早举报，黄光裕的内幕交易就无法获利近4亿元，黄光裕等人就不会服那么多年刑，也不会被判连罚款带没收共计11亿元，举报人也不会得到近4000万元奖金。

第三，设立证券市场投资者保护协会，研究和防范内幕交易。设立证券市场投资者保护协会，股民自动成为证券市场投资者保护协会会员，协会将为股民维护合法权益，防范和打击内幕交易。

在中国的证券市场上，此前获利的主要是上市公司或融资者，大部分投资者都无法从市场上获利。打击内幕交易就是消除证券市场上的腐败行为，将赌市变成股市，让更多的投资者获利。

金融垄断化相对的是金融民主化，打破金融垄断的过程，就是实现金融民主化的过程。让民众运用金融，享有金融的收益，化解金融风险，也就实现了金融民主化。

金融民主化体现在股市上就是打击内幕交易，走股民路线，让股市成为经济成长的晴雨表，让股民在股市里分享中国经济发展的成果。

王亚伟辞职拷问公募基金制度

2012年初，华夏基金总经理范勇宏和"最牛基金经理"王亚伟辞职。这不仅会引起华夏基金震荡，对整个公募基金业都会产生巨大的冲击。

人财两空的魔咒

1997年11月，国务院颁布了《证券投资基金管理暂行办法》，催生了中国基金业。1998—1999年，南方、国泰、华夏、博时等10家基金管理公司先后成立，号称"老十家"基金公司。

截至2012年，"老十家"基金公司的总经理和基金经理已全部辞职。华夏基金总经理范勇宏和明星基金经理王亚伟是"老十家"基金公司最后的守望者。

范勇宏是华夏基金的创始人。自2007年起，范勇宏领导的华夏基金资产稳居公募基金业首位。2009年，华夏基金以领先第二名1000亿元的销售规模独占行业十分之一的市场份额。王亚伟管理的华夏大盘精选基金，自2006年起在每年的业绩排名中均居领先地位，保持六年不败战绩，六年利润总回报高达11.04倍，平均每年回报率达

49.22%。规模最大、业绩最好的华夏基金，与其他公募基金一样，最终没能容下或留下成就它的总经理和明星基金经理。

数据统计显示，2010年共发生206起基金经理离职事件，比2009年的117起高出77%。王亚伟辞职后，公募基金业基金经理平均任职年限只有1.63年。范勇宏和王亚伟从华夏基金辞职，是"老十家"基金公司中有经验的总经理和明星基金经理最后的胜利大逃亡，是公募基金行业的标志性事件，表明公募基金行业的高额薪酬吸引不住人才。

基金业最重要的资产是人才，公募基金留不住人才是普遍的，留住人才是偶然的。这就是公募基金业的"人空"现象。

基金经理的薪酬有多高？据太和顾问调研统计，2007年基金经理的平均收入在400万元左右。据Wind资讯统计，2010年上半年391只开放式偏股基金付给基金经理的报酬高达127.02亿元，比2009年上半年的105.89亿元薪酬总额增长了20.9%。据报道，业绩排名在前10%的基金经理，年薪在700万～1000万元。像王亚伟这样的明星基金经理，保守估计年薪在1000万元以上。

在中国这样的发展中国家，这么高的年薪堪称"天价"。天价年薪照说应该有"与天试比高"的业绩相匹配，而恰恰相反，公募基金的业绩与天价年薪有天壤之别。

2008年上半年整个公募基金业亏损1.08万亿元，全年公募基金亏损额达到1.45万亿元。而公募基金从1998年到2007年10年的盈利总规模也只在1.4万亿元到1.45万亿元之间。

据天相投顾统计数据显示，公布年报的594只公募基金2009年全年实现本期利润9102.46亿元，其中已实现收益为2010.91亿元。

根据2010年年报，所有公募基金全年的盈利为54.78亿元，而同期管理费却被征收了302.2亿元。粗略推算，公募基金在2010年实际出现了247.42亿元的巨额浮亏。

2011年，64家公募基金公司旗下987只基金总亏损金额达5123.67亿元，这是中国基金业历史上仅次于2008年的第二大亏损。

1998—2011年，中国公募基金业走过了13年的历史。13年盈亏相抵后，公募基金业累计亏损3360.18亿元。专家理财却累累亏损，这就是公募基金业的"财空"现象。

公募基金的运作方式是：投资者从银行、证券公司或是通过其他销售渠道，认购或申购公募基金公司的基金产品，将自有资金交给公募基金公司，基金公司指派专门的基金经理代为买卖股票、国债、企业债等投资产品。公募基金公司收取固定的管理费（股票型基金一般是1.5%/年），托管人收取固定的托管费（一般每年0.25%），投资盈亏均由投资者承担。

公募基金的运作方式说明公募基金公司与投资者的利益不一致。从利益驱动出发，公募基金公司可以不把重心放在提高投资业绩、做好客户服务上，而是将基金规模放在第一位。道理很简单，制度上规定公募基金公司按销售规模提取管理费，基金公司争先恐后扩张规模就在所难免了。

中国公募基金业13年的历史表明，投资者或基民用3360.18亿元的财富损失代价，培养出了一批又一批天价年薪的公募基金经理和高级管理人员。这些基金经理和基金业高级管理人员成熟之后，并不留恋公募基金的天价年薪，大多投奔私募基金。中国公募基金业试图摆脱"人财两空"的魔咒，但一直没有成功。

改革公募基金制度

如果一两个公募基金公司遭遇"人财两空"，那是经营管理问题或团队水平不高，是偶然现象。"老十家"基金公司和整个公募基金业都是如此，那就是公募基金制度的问题。

《中华人民共和国证券投资基金法》（以下简称《证券投资基金法》）第十三条第（二）项规定，设立基金管理公司的资金条件是，注册资本不低于一亿元人民币，且必须为实缴货币资本。而第十三条第（三）项又规定，设立基金管理公司的主要股东具有从事证券经营、证券投资咨询、信托资产管理或者其他金融资产管理的较好的经营业绩和良好的社会信誉，注册资本不低于三亿元人民币。

事实上，由于金融业一直由国有企业垄断，符合基金管理公司主要股东条件的几乎全部是国有金融企业，民营企业鲜有符合基金管理公司主要股东条件的。

《证券投资基金法》第十三条第（三）项规定基本上排斥了民营企业控股基金管理公司，从而阻碍了民营企业进入公募基金业，导致民营企业与国有企业不在一个公平竞争的平台上。这是一种所有制歧视，违反了中国宪法规定的多种所有制经济共同发展的基本经济制度。

《证券投资基金法》第十三条第（三）项规定的弊端主要有三个：一是会形成国有金融企业的进一步垄断和近亲繁殖；二是把基金市场人为地割裂为公募基金市场和私募基金市场，公募基金市场实行计划经济，私募基金市场实行市场经济；三是公募基金公司在公募基金市场的一潭死水里竞争，导致无法形成基金业的充分竞争。

《证券投资基金法》第十三条第（三）项规定，决定了《证券投资基金法》是《国有证券投资基金法》或《国有公募基金法》。法律实施的结果是，公募基金公司基本上由国有企业控股；民营企业无法设立公募基金公司，只能设立私募基金公司。

私募基金公司与公募基金公司的投资业绩，在牛市时相差无几，但在熊市和"猴市"的表现大相径庭。2010年上半年私募基金的投资成绩明显好于公募基金，整体上远远跑赢大盘。据第一财经研究院中国阳光私募基金数据中心统计，近四成阳光私募基金2010年上半年获正收益，在操作满半年的287只阳光私募基金中，共有104只产品取得了正收益，占比36%，287只私募基金平均收益率为-4.33%，而同期沪深300的跌幅为28.32%，公募基金的平均收益率为-18.99%。这种情况与2008年全年大跌行情中公募基金与私募基金的反差表现一致。

公募基金有充裕的资金，但投资业绩不佳，在行情不好时会前功尽弃甚至产生巨额亏损。私募基金能够取得较为理想的投资收益，但没有公募基金融资的便利。可见，中国基金业存在着严重的资源错配问题。

公募基金业要想摆脱"人财两空"，实现"人财两旺"或"人财两多"的"空翻多"，亟须进行深刻的公募基金制度改革。

第一，要废除《证券投资基金法》第十三条第（三）项规定，实现基金业的市场化。将现行的《国有证券投资基金法》修改成不同所有制基金公司地位平等的证券投资基金法，解决基金业的资源错配问题，实现基金公司之间的公平竞争和充分竞争，提高基金业的经营管理效率。

第二，完善公募基金公司法人治理结构。公募基金公司的股东及股东会、董事及董事会、经营管理班子、基金经理的责、权、利要合理和明晰，既要有健全的监督机制，又要对基金经理和高级管理人员有合适的激励机制。

第三，建立和运作科学的公募基金管理制度，真正为投资者谋利益。公募基金的运作方式不能是旱涝保收。公募基金公司要从为投资者创造的价值中赚取利润，而不是直接从投资者身上吸血。基金经理及基金公司员工要根据为基金公司所做的贡献或为投资者提供的帮助，取得自己的酬劳，而不是从垄断利润中分一杯羹。

PE对赌是不是赌博？

2010年12月，苏州工业园区海富投资有限公司（下称海富公司）与被投资的甘肃世恒有色资源再利用有限公司（下称世恒公司）之间的"对赌协议"，被兰州市中级人民法院判决无效。2011年9月，二审法院甘肃省高级人民法院再次判决该"对赌协议"无效。这是国内PE（私募股权投资）对赌协议被判无效的首个案例，在投资界和企业界引起了巨大反响和质疑。后来，双方都对判决结果不服，案件被申诉到了最高人民法院。

"对赌"与赌博似有若无的关系，究竟在这起案件中起了多大作用？

对赌协议是同甘共苦的合同

对赌协议又称估值调整协议，指投资方与融资方在达成协议时，双方对于未来不确定情况进行特别约定的行为。对赌协议的基本原则是，投资方与融资方约定，当融资企业的业绩（一般是净利润、净资产等）达到或未达到一定水平时，一方向另一方支付现金或赠送股份。"对赌"是合作双方在平等自愿基础上，体现投资自由的一种合法民事活动。

"对赌"容易被误解为赌博的一种，为防止"对赌"与赌博扯上关系，中文世界将对赌协议的英文名VAM（Valuation Adjustment Mechanism）音译为"万模协议"。

当投资方准备投资一个需要融资的企业时，说明投资方看好这家企业，但是看好一家企业，并不意味着这家企业真的有发展前途。对投资方来说，由于存在信息不对称现象，从外部了解一家企业，永远没有从企业内部知道得更清楚。

究竟怎样评估一家企业的投资价值？投资方和融资方自然是公说公有理，婆说婆有理。为了解决双方对企业估值的分歧，使其达成投资交易，有必要引入估值调整机制。

投资方既然看好融资企业，首先要相信融资方对企业价值的评估。为了激励融资方兑现其对企业价值评估的承诺，当融资方帮助投资方实现了企业的预定目标时，投资方就给予融资方一定的奖励，相当于把过去偏低的企业估值调高；当企业的预定目标实现不了时，融资方就给予投资方一定的补偿，相当于把过去过高的企业估值调低。这就是估值调整机制的原理。

估值调整机制的作用体现在，投资方用加大成本（奖励成本）的方式，对冲或降低投资风险，实现既定的投资收益；融资方也用加大成本（补偿成本）的方式，对冲或降低融资风险，保障企业所需要的资金能顺利进入企业。

投资方向融资方支付奖励的资金或股份，说明融资企业实现了既定的盈利目标，投资方虽然付出了额外的奖励成本，但投资的股份已经增值，投资目标随之实现。而投资方得到融资方支付的资金或股份弥补损失，说明融资企业没有实现既定的盈利目标，投融资双方都产生了损失。因此，"万模协议"是投资方宁愿输掉的一种契约，实际上是期权的一种形式，是投资方与融资方就企业估值达成的同甘共苦的合同。

"万模协议"合理合法

"万模协议"符合《中华人民共和国合同法》（下称《合同法》）第四十五条关于附生效条件合同的规定，实质上是附生效条件合同条款。

2007年10月，海富公司与世恒公司、香港迪亚有限公司（世恒公司的关联公司，下称迪亚公司）签订了投资合同，海富公司以现金2000万元入股世恒公司，占其3.85%的股份。投资合同中的"万模协议"条款约定，世恒公司2008年的净利润不应低于3000万元，否则需向海富公司提供补偿，补偿金额为：

（1-2008年实际净利润/3000万元）×2000万元。

2008年世恒公司实际净利润为2.68万元，根据"万模协议"世恒公司需补偿海富公司1998万元。但是，世恒公司不愿自动履行约定，海富公司遂提起诉讼。

一审法院认为，"海富公司有权要求世恒公司补偿的约定，不符合《中华人民共和国中外合资经营企业法》第八条关于企业净利润根据合营各方注册资本的比例进行分配的规定"，判决含有"万模协议"的投资合同无效。

中国正在发展市场经济，已经把契约精神写进《合同法》。法院要判决合同无效，案件事实必须具有《合同法》第五十二条规定的5种情形之一：（1）一方以欺诈、胁迫的手段订立合同，损害国家利益；（2）恶意串通，损害国家、集体或者第三人利益；（3）以合法形式掩盖非法目的；（4）损害社会公共利益；（5）违反法律、行政法规的强制性规定。海富公司和世恒公司的投资合同显然不符合这5种情形中的任何一条。

况且，股东各方按照注册资本比例分配利润，与"万模协议"约定的估值调整事项是两回事，世恒公司当年实现净利润2.68万元，并没有发生不按注册资本比例分配利润的事实。该案应当适用《合同法》第四十五条关于附生效条件合同的规定，不存在适用《合同法》第五十二条的事由。一审法院因认定事实不清楚而错误适用法律，将有效合同错判为了无效合同。

二审法院引用最高人民法院《关于审理联营合同纠纷案件若干问题的解答》中关于保底条款的司法解释，认为投资合同"明为联营，实为借贷，违反了有关金融法规，应当确认合同无效"。二审法院判决，世恒公司向海富公司偿还本息。

保底条款指联营一方虽向联营体投资，但不承担联营的亏损责任，在联营体亏损时仍要收回其出资和收取固定利润的条款。保底条款违背了联营活动中双方共负盈亏、共担风险的原则，应当确认无效。但是，"万模协议"是同甘共苦的合同，与保底条款有本质的不同，"万模协议"不违背共负盈亏、共担风险的原则。况且该案中世恒公司当年是盈利的，而保底条款适用的前提条件是世恒公司亏损。

二审法院与一审法院所犯的错误如出一辙，都是因认定事实不清楚而错误适用法律条款，将有效合同错判为了无效合同，二者的区别只是错误认定的事实不同而已。

海富公司与世恒公司之间的投资合同纠纷并不复杂，"万模协议"不是一种赌博。因"万模协议"是合理合法的合同条款，法院应当确认投资合同合法有效。双方按照投资合同约定的权利义务履行合同，才能讼止争息。

世恒公司对二审判决不服，向最高人民法院提出再审申请，请求撤销二审判决，维持兰州中院的一审判决。2011年12月19日，最高人民法院受理了世恒公司的申请，提审了该案。2012年11月，最高法院作出判决，撤销甘肃省高院的二审判决，判决迪亚公司(世恒公司的关联公司)向海富公司支付协议补偿款19 982 095元。最高法院认定:投资合同中迪亚公司对海富公司的补偿承诺，不损害世恒公司及其债权人的利益，不违反法律法规的禁止性规定，是当事人的真实意思表示，是有效的。

最高法院对国内首例PE"万模协议"的判决结果，让PE行业松了一口气。最高法院的判决既有法律依据，又符合PE行业的实际情况，有利于PE行业的健康发展。

"万模协议"值得立法

如果没有"万模协议",投资方无法破解企业的信息不对称难题,投资方和融资方很难达成投资交易。因此,"万模协议"有促进交易的功能。如果没有"万模协议",企业估值不能得到有效地调整或修复,投融资双方一方得利巨大,另一方亏损厉害,投资、融资就成了一种赌博。"万模协议"建立了对冲风险的反赌博机制,体现了投资、融资活动中的诚实信用原则。

既然"万模协议"不是赌博,而是反赌博的条款,就应当让"万模协议"在私募股权投资领域堂堂正正地存在,并将其从私募股权投资领域推广到天使投资、风险投资等投资领域,也可以推广到收购、兼并领域。

中国有很多应用"万模协议"的成功案例。蒙牛与摩根士丹利等3家投资基金、中国动向和永乐电器、美国凯雷和徐工集团,都签署了"万模协议"。

目前,中国没有关于"万模协议"的任何规定,市场主体只要遵守《合同法》、《公司法》等法律法规即可。

耐人寻味的是,证券监管层历来在会议和培训中明确的上市时间、股权安排、业绩预测、董事会一票否决权安排、企业清算优先受偿协议等5类包含"万模协议"的内容,都是IPO审核的禁区。

监管层没有法律依据而在会议和培训中要求市场主体按照自己的要求做,显然是不妥的。如果"万模协议"真的对资本市场有害,监管层应当制订部门规章,立法禁止"万模协议"。如果"万模协议"对资本市场有利,监管层应当推广"万模协议",至少不对"万模协议"进行没有法律依据的干涉。没有法律依据的干涉,除了增加市场主体的成本和监管负担外，对公开、公平和公正的资本市场也没有任何好处。

在发达的资本市场，为降低预测盈利的风险，"万模协议"几乎是每一个投资活动必不可少的技术环节，已发展成为投资行业的行业规矩。

既然"万模协议"应得到推广，中国就应当将"万模协议"阳光化和规范化。立法将"万模协议"变成中国投资行业的行业规矩，中国就不会出现偷偷摸摸应用"万模协议"的现象，上市公司就可以光明正大地公告"万模协议"，海富公司与世恒公司之间这样的诉讼和纠纷以后也不会出现了。

第二章

中国人的金融改革焦虑

温州金融改革从开办银行突破

国务院批准设立温州市金融综合改革试验区之后，温州马上行动起来，制订了《温州市金融综合改革试验区实施方案》（送审稿），但有了改革方案的纸面收获，温州仍有"老虎吃天，无从下手"的感觉。改革不是纸上谈兵，温州金融改革要取得实际成效，需要找到改革的突破口。

如何解决"两多两难"问题

温州当前存在"民间资本多，投资难；中小企业多，融资难"的问题，即"两多两难"问题。如果温州金融改革能够解决"两多两难"问题，那将是温州中小企业的成功，也是温州金融业的成功，这样的金融改革一定能在全国范围内得到推广。

温州现有的金融体系已经证明温州无法解决"两多两难"问题。温州有工商银行、农业银行、中国银行、建设银行等国有资本控股的银行分支机构，这些银行适合为国有企业和大企业提供金融服务，与温州众多的中小企业不搭配。连温州首家具有一级法人资格的地方性股份制商业银行温州银行，都无法做到普遍为中小企业提供债权融资，温州能够上市获得股权融资的中小企业更是凤毛麟角。因此，温州的中小企业要普遍获得不需支付利息的直接融资，无异于痴人说梦。

民间借贷阳光化和规范化能使温州中小企业获得快捷、方便的融资，但它只适用于温州中小企业的短期和少量融资，长期和巨量的融资依赖民间借贷，会导致中小企业融资成本过高，影响中小企业的效益。如果中小企业长期的民间借贷利率高于其净利润率，民间高利贷就是一种饮鸩止渴的行为。因此，民间借贷融资只能在某个时期、部分解决中小企业的融资问题。

居高不下的资金成本，限制了实体企业的扩张规模，降低了中小企业吸收民间资本的意愿和动力。降低融资成本，才能提高实体企业的投资意愿。

温州金融改革一定要重视温州本土民营企业和民间资本的特征。在目前体制下，能够给中小企业提供低成本资金的只有中小银行。温州金融改革方案鼓励小贷公司依法设立村镇银行，因此，温州可以大张旗鼓地开办村镇银行。

要解决"两多两难"问题，温州市应向浙江省另一个沿海地级市——台州市学习和借鉴。由于有泰隆商业银行和台州银行为中小企业提供金融服务，与温州有类似发展模式商业的台州，并没有出现高利贷泡沫和中小企业主"跑路"潮。

浙江泰隆商业银行是一家致力于为小企业提供金融服务的股份制商业银行。泰隆商业银行多年来专心、专业、专注服务小企业，不断探索小企业信贷服务技术和风险控制技术，总结出一套以"三品、三表、三三制"为特色的小企业金融服务模式，实现了小企业融资"事前低成本获取信息、事中低成本监控管理、事后低成本违约惩罚"的三个低成本，成为了一个有特色的品牌银行。泰隆商业银行的"三品三表"，是对贷款客户的调查方式：通过对企业主人品、产品、所拥有物品以及水表、电表、海关报表等软信息的调查，破解信息不对称问题。而"三三制"体现了"顾客就是上帝"的原则：针对小企业信贷短、频、急的特点，承诺老客户办业务三小时办结、新客户办业务三天内答复。

台州银行虽然与温州银行一样，是由当地城市信用社改制而成的商业银行，但台州银行是以市场化方式发起成立的首家政府不控股的城市商业银行，且将市场化程度高的金融机构中国平安和招商银行引进为战略合作伙伴。台州银行的发展历史，就是扶持一批批中小企业茁壮成长的历史。台州银行始终坚持"中小企业的伙伴银行"的市场定位，树立了"简单、方便、快捷"的优质金融服务品牌，发起设立了浙江三门银座村镇银行等7家"银座"系列的村镇银行。

为了增强温州金融改革的动力，管理层在与温州相邻的地级市丽水设立了农村金融改革试点，形成了温州金融改革与丽水金融改革的竞争局面。温州市也应该向丽水市学习和借鉴农村金融改革的思路和措施，为解决"两多两难"问题提供帮助。

民间资本何以开办银行

据测算，温州有8000亿～10000亿元的民间资本，有足够的资本金开办商业银行。温州的民间资本曾几次申请设立商业银行，最终都石沉大海，温州的民营企业家想开办银行都快想疯了。温州民间资本过去申请设立商业银行，是万事皆备，只欠东风。现在有了金融综合改革试验区的东风，温州何愁不能开办民间资本发起设立的商业银行？

1995年7月1日开始实施，经2003年修正的《中华人民共和国商业银行法》（以下简称《商业银行法》）第十二条第一款规定，只要有符合《商业银行法》和《公司法》规定的章程，有符合《商业银行法》规定的注册资本最低限额，有具备任职专业知识和业务工作经验的董事、高级管理人员，有健全的组织机构和管理制度，有符合要求的营业场所、安全防范措施和与业务有关的其他设施，就可以设立商业银行。

《商业银行法》第十三条第一款规定了设立商业银行的实质条件："设立全国性商业银行的注册资本最低限额为十亿元人民币。设立城市商业银行的注册资本最低限额为一亿元人民币，设立农村商业银行的注册资本最低限额为五千万元人民币。注册资本应当是实缴资本。"

《中华人民共和国宪法》第十一条规定，国家鼓励、支持和引导非公有制经济的发展。也就是说，按照中国《宪法》和《商业银行法》的规定，实质上只要有五千万元资本，就可以设立农村商业银行；有一亿元资本就可以设立城市商业银行；有十亿元资本就可以设立全国性商业银行。

设立商业银行，应当经中国银行业监督管理委员会审查批准。当民间资本向银监会申请设立商业银行时，银监会有权批准设立商业银行，也有权以不符合审慎性条件为由拒绝批准设立商业银行。不过，银监会拒绝批准设立商业银行，必须依据关于商业银行审慎性条件的法律规定。没有事实和法律依据而不批准或否决民间资本设立商业银行，银监会就是玩忽职守或滥用职权。

温州的经济问题是金融制度与经济发展资源错配的全国性问题，表现为国有金融垄断与民营经济发展的脱节。不只温州的民间资本可以设立民营商业银行，在中华人民共和国法律实施的范围内，民间资本以《宪法》、《商业银行法》和《公司法》为靠山，都有权开办商业银行。

允许民间资本自由开办商业银行和其他金融机构，是温州金融改革成功的必由之路。

2013年7月1日，国务院办公厅发布了《关于金融支持经济结构调整和转型升级的指导意见》（简称"金融国十条"），宏观地提出了未来金融改革的10条改革政策。"金融国十条"明确提出，扩大民间资本进入金融业，鼓励民间资本投资入股金融机构和参与金融机构重组改造，尝试由民间资本发起设立自担风险的民营银行、金融租赁公司和消费金融公司等金融机构。

早在2012年5月，石家庄温州商会牵头，联合北京、沈阳、广州、南京、厦门、深圳、义乌，以及迪拜、日本、德国、希腊等11个国家和地区实力强大的温州商会，拟融资50亿元，办一家温州现代商业控股银行"温商银行"。如今有了"金融国十条"的金融改革东风，12家温州商会，离他们的"温商银行"梦越来越近了。

温州金融改革当以法律为靠山

2012年3月，国务院批准设立了温州市金融综合改革试验区。不管温州金融改革的最终结果如何，起码可以暂时释放全国上上下下对金融改革的焦虑。

把法律当靠山

设立温州市金融综合改革试验区的目的，是通过金融体制创新，构建与温州经济配套的多元化金融体系，改进金融服务，增强防范和化解金融风险的能力，为全国金融改革提供经验。

在高利贷危机中酝酿的温州金融综合改革方案，只不过是民间金融种类的"集大成者"。国务院批准温州金融综合改革能做的12个事项中，开展个人境外直接投资试点是最大的亮点，这意味着资本项目项下的人民币可自由兑换已经破冰。

看来，国务院并没有给予温州特殊的优惠政策。改革开放已经30多年了，中央政府既不可能给予温州超越于法律的金融改革权力，也不可能不允许其他地方实行其给予温州的政策。中央政府给予温州更多的，是对民间金融和金融创新的支持和鼓励。因此，温州金融改革任重而道远。

温州不可能也不应该有超越于法律的金融改革权力。恰恰相反，温州应当把法律当作金融改革的靠山，冲破行政管制带来的樊篱。

温州金融改革的方向是发展民间金融，使之与当地的民营经济相适应。法律的基本原则是，法律没有禁止的民间行为都是合法的，而对政府和国有企业来说，法律没有明确授权的行为都是不合法的。所以，发展温州民间金融，可以任意采取法律没有禁止的金融措施，即使违背了部门规章也不要紧，因为违法的部门规章本就是不合理的。

例如，部门规章《贷款通则》规定，中资金融机构是唯一合法的贷款人。这与中央银行2011年11月关于"民间借贷具有制度层面的合法性"的表态冲突。

另外，《中华人民共和国民法通则》第九十条规定："合法的借贷关系受法律保护。"《中华人民共和国合同法》第十二章对借款合同作出了规定。也就是说，根据《民法通则》和《合同法》的规定，民间借贷应当是合法的借贷形式。

再例如，部门规章规定，民间借贷利率最高不得超过基准利率的4倍。这与《合同法》第十二章关于"借款合同"的法律规定相冲突。《合同法》第十二章规定，借款利率不得违反国家有关限制借款利率的规定。政府中只有国务院才能代表国家，而国务院并没有规定民间借贷利率最高不得超过基准利率的4倍。

中国金融改革的关键在于利率市场化，中国将来肯定要实行利率市场化，这意味着基准利率将不存在。而基准利率不存在就无法界定和限定4倍基准利率。温州市金融综合改革试验区有权根据法律规定，率先实行利率市场化。

温州市金融综合改革只要以法律为靠山，其改革的方向就是正确的，即使违背了部门规章也不要紧，因为违法的部门规章本身是不合理的，不可能长期存在下去。

以市场为平台

温州此前出现的民间借贷危机，是金融与实体经济脱节的结构性矛盾造成的。温州现有的金融体制没有正常发挥引导资源合理配置的作用，反而引导资金从实体经济流向房地产领域，造成了房地产泡沫。民间借贷泡沫破裂，正是房地产泡沫破裂的连锁反应。

据统计，全国民间资本存量达30万亿元人民币，占中国2011年GDP总量的64%。其中，温州积聚了8000亿～10 000亿元的民间资本。温州巨量的民间资本没有通畅的投资渠道，银行存款利率抵不上通货膨胀率，民间资本只能炒作房地产。

与此同时，温州的中小企业缺乏发展资金和流动资金，导致部分中小企业处于停工和半停工状态，有的甚至因缺乏资金而倒闭。

温州市金融综合改革试验区如果以市场为平台，将民间资本供给和需求有效地衔接起来，就会做强做大温州的民间金融，引导民间借贷投向有效益的实体经济，远离房地产泡沫，从而取得金融改革的成功。

2012年3月，"2012中国（山东）宏观经济与金融创新专家论坛暨肯雅隆第二届杰出资民联谊大会"在济南召开，这次大会推出了一种民间金融创新形式——私募权益融资（PPE）。

PPE是介于民间借贷和私募股权投资之间的一种投融资形式，由经营管理公司对某一特定投资项目进行预先评估，并就相关权益进行划分，然后向民间资本持有者募集资金，投资人根据出资额度的不同而享有同等比例的项目权益。

PPE与金融市场熟知的PE私募股权投资相比，在投资范围上由企业股权扩展到了艺术品、有价证券等资产；相对于PE只能通过上市流通后才可退出的单一性，PPE将相关权益采用凭证化转化，投资期间可自由转让权益凭证，进退便捷；相对于PE资金去向的不定性，PPE投资由投资者与融资项目方直接对接签订合同，属定向投资，更加公开透明；在投资项目的权属和安全性方面，相对于PE投资会遭遇无法上市、所投企业市场经营难控等风险，PPE出资人在投资期内享有项目共有权，以资产自身价值确保了私募投资者的本金安全。

温州市金融综合改革试验区完全可以借鉴PPE，但要将投资人限定在200人以内，否则，就违反了《公司法》的规定，相当于未经批准就实行首次公开募股（IPO）。温州投资融资市场需要产生更多的类似PPE的民间金融创新。

温州金融改革要以法律和市场为轴心。与其把鸟关在笼子里，倒不如天高任鸟飞。温州市金融综合改革试验区应当营造宽松的市场环境，充分调动民间智慧，挖掘民间资本的创新潜能，实现温州经济的二次腾飞。

温州是中国的缩影，没有人希望温州金融改革是一个试错的过程。温州金融改革旨在给十八大之后的整体金融改革带来成功经验，让中国社会对金融创新充满希望和期待。

法律何时为民间借贷松绑

民间借贷本来是合法的，但河北大午集团非法吸收公众存款案等类似案例的存在，令很多人误以为民间借贷是非法的。这几年中央银行加快制定的"放贷人条例"一旦颁布，其所起的作用远远不止以正视听。

《贷款通则》不适用于民间借贷

中国的大银行体制与大企业融资相匹配。工行、农行、中行、建行等几家大商业银行的平均贷款的43%左右集中到了1亿元以上的贷款项目，只有不到7%的贷款用在了低于1000万元的贷款项目。就连地级城市商业银行的二级分行和县城的支行，对低于600万元的贷款项目，都一律不予考虑。在商业银行看来，中小企业贷款项目收益低、成本高、风险大，是食之无味、弃之可惜的"鸡肋"。

中国的中小企业已逾1000万家，占企业总数的99%。中小企业创造的产值、利税和出口额都占大头，创造的就业机会占90%以上，但能从商业银行获得贷款的中小企业却凤毛麟角。于是，民间借贷便成了中小企业融资的主要方式。

与银行贷款相比，民间借贷具有特殊的市场空间和竞争优势。民间借贷通常是基于地缘、人缘、血缘等关系产生，与商业银行不同的地方在于，民间借贷获取信息成本低，手续便捷，方式灵活，能高效地满足借款人的资金需求，可以提供个性化的贷款服务，经营管理成本低，控制贷款风险的能力强。商业银行眼中的"鸡肋"，是民间信贷的优质项目，中小企业是民间信贷的黄金客户。

民间借贷对中国经济发展的推动作用显而易见。在当前的全球金融危机中，我们尤其要重视民间借贷在鼓励创新、增加就业、优化金融资源配置和引导经济结构调整中的战略价值。但是，中央银行于1996年颁布的《贷款通则》，只适用于银行贷款，并不适用于民间借贷。诡异的是，规范商业银行贷款行为的《贷款通则》，作出了禁止企业之间借贷的规定。这导致国务院办公厅于2008年12月8日在《关于当前金融促进经济发展的若干意见》（国办发〔2008〕126号）中，明确要求中央银行对《贷款通则》作出适当调整。

世界银行前行长佐利克和世行首席经济学家林毅夫，于2009年3月6日在《华盛顿邮报》联合发表文章《经济复苏取决于"G2"》，称中国的"中小公司获得金融服务的机会非常小，因为中国的金融部门是由四大银行主宰的，而它们主要服务于大公司。小企业缺乏获得金融服务的渠道，这制约了它们的发展，限制了就业并带来了下调工资的压力。实际上，中国金融结构的扭曲意味着，通过低收入和低利率，中国普通百姓和中小公司一直在补贴大公司和富人。"可见，中国中小企业的融资问题及其产生的不公平，引起了"世界公愤"，现在到了非解决不可的时候。

民间借贷期待获得官方认可

民间借贷是一个有几千年历史的传统行业，但在中国发展市场经济的十几年间，民间借贷被法律和政策局限于自然人之间、自然人与经济组织之间，而经济组织之间的借贷被列为非法行为。更严重的是，民间借贷与非法吸收公众存款、集资诈骗等"非法集资"犯罪有着剪不断理还乱的关系。民间借贷需要正本清源，获得官方的认可，与非法集资划清界限。

1998年7月13日，国务院《非法金融机构和非法金融业务活动取缔办法》将民间借贷和非法吸收公众存款作了区别，维护了民间借贷的合法性，将非法吸收公众存款限定为"向社会不特定对象吸收资金"。

2007年1月22日，中国银监会制定了《贷款公司管理暂行规定》。经银监会批准，允许境内商业银行或农村合作银行在农村地区设立贷款公司，此类贷款公司作为专门为县域农民、农业和农村经济发展提供贷款服务的非银行业金融机构。同日，中国银监会还制定了《村镇银行管理暂行规定》。经银监会批准，由境内外金融机构、境内非金融机构企业法人、境内自然人出资，在农村地区设立村镇银行，该类村镇银行作为主要为当地农民、农业和农村经济发展提供金融服务的金融机构。

2008年5月4日，中国银监会和中国人民银行联合发布《关于小额贷款公司试点的指导意见》，该意见把小额贷款公司定义为，"由自然人、企业法人与其他社会组织投资设立，不吸收公众存款，经营小额贷款业务的有限责任公司或股份有限公司。"小额贷款公司大大降低了民间借贷的准入门槛，局部将公司之间的借贷合法化。

2008年11月，由中国人民银行起草的"放贷人条例"草案提交到了国务院法制办，若条例通过，商业银行在贷款市场的垄断地位将被打破，民间借贷将实现阳光化。法律明确界定民间借贷与非法吸收公众存款、集资诈骗的界限，让民间借贷走向契约化、规范化，民间借贷才能获得长足的发展。

从《贷款通则》到《贷款公司管理暂行规定》和《村镇银行管理暂行规定》，再到《关于小额贷款公司试点的指导意见》，管理层在对民间借贷法律扩容的同时，不断对民间借贷进行松绑和认可，这是符合市场经济潮流的明智之举。

吴英案应该怎么判

因本色集团向其法定代表人吴英的11位亲朋好友借款7.7亿元，80后吴英被一审法院以实际集资诈骗3.8亿元判处死刑。这是当地司法机关制造的一个民众不想接受的冷笑话。由于吴英案牵涉着民间借贷的公共利益，随着2011年11月浙江省高级人民法院裁定本色集团与吴英案相关民事案件发回重审，这个冷笑话迎来了转暖的机会。

司法结果不该与公共利益背离

凤凰网曾就吴英案专门进行了民意调查，在6532份投票中，反对判吴英死刑的意见占据了压倒性优势，88%的网友选择了不应该判死刑。

在凤凰网的这次民意调查中，9成以上的人反对取缔民间借贷，其中47%的网友认为民间借贷应该合法化，44.3%的网友认为民间借贷未来的地位将依旧尴尬；仅有不到一成的网友认为应该取缔民间借贷。

民众为什么对一个司法结果感兴趣，且持强烈的反对态度？不仅仅因为吴英是"80后"女性，还因为吴英案本质上是一个民间借贷案件，对吴英判处死刑就是封杀民间借贷。

2011年11月，中国人民银行有关负责人在接受新华社采访时表态，民间借贷是正规金融有益和必要的补充，具有制度层面的合法性，民间借贷应规范化、阳光化。这说明吴英案的一审司法结果违背了民意，与民间借贷的公共利益相背离。

如果一个司法结果与公共利益相背离，错的一定不是公共利益，错的肯定是司法结果。

司法追求的目标是公正和效率，公正和效率代表的就是公共利益。一个司法结果与公共利益相背离，就是与公正和效率背道而驰，也是与司法目标自相矛盾，如此该司法结果就失去了存在的价值和意义。

从司法结果与公共利益的逻辑关系上看，吴英案一定要改判，吴英不应该死于被定性为"集资诈骗"的民间借贷。

从吴英案的事实和法律分析，也能得出吴英案应当改判的结论。

吴英案涉及的法律，有与民间借贷相关的民事法律，有与非法吸收公众存款罪、集资诈骗罪相关的刑事法律。非法吸收公众存款罪和集资诈骗罪统称"非法集资"。法律是全国人民代表大会及其常委会制定的，代表全国人民的意愿，也就是代表公共利益，法律是不会错的，所以我们只能从认定事实和适用法律方面，找出吴英案应当改判的原因。

　　吴英案的基本事实是，本色集团及其法定代表人吴英陆陆续续向11位亲朋好友借款7.7亿元，用于本色集团的高速扩张。本色集团投资了本色商贸、本色洗业、本色广告、本色酒店、本色电脑网络、本色装饰材料、本色婚庆服务、本色物流等子公司和资产。据报道，吴英在自述材料中将公司运作及投资项目所用款项和用途制作成表格，其统计的金额与公诉机关所认定的金额仅差270万元。

　　按照常识，只有信誉好的企业才能借到高达7.7亿元的巨款。本色集团利用自有资金和7.7亿元借款，投资形成了巨额资产。而吴英个人财富2006年达38亿元，位列当年胡润中国女富豪榜的第6位。直至吴英案发后，大多数债权人仍然认为，本色集团有能力偿还借款，否则他们不会持续给本色集团贷款。很简单的算术题：38亿元的资产，难道偿还不了7.7亿元的债务吗？更重要的是，本色集团的债权人都不认为自己被吴英诈骗。一个没有受害人的案件，不可能是集资诈骗案。

　　吴英案不属于"庞氏骗局"。"庞氏骗局"是意大利裔投机商查尔斯·庞兹（CharlesPonzi）发明的。1919年庞兹策划了一个阴谋，骗人向一个子虚乌有的企业投资，许诺投资者将在三个月内得到40%的利润回报。庞兹把新投资者的钱作为盈利付给最初投资的人，以诱骗更多的人。由于前期投资人的回报丰厚，庞兹成功地在7

个月内吸引了3万名投资者。这场阴谋持续了一年之久，被利益冲昏头脑的人们才清醒过来。

民间借贷路在何方

《中华人民共和国合同法》第十二章把借款合同规定为"借款人向贷款人借款，到期返还借款并支付利息的合同"。既然《合同法》没有明确规定借款合同是适用于有金融牌照的金融机构借贷，还是适用于没有金融牌照的民间借贷，借款合同就应当适用于所有的领域。

按照我国《民法通则》、《合同法》的相关规定，本色集团与债权人之间是民间借贷的法律关系，本色集团与特定的、非广泛的11个债权人之间存在借贷经济纠纷。

《浙江省高级人民法院关于审理民间借贷纠纷案件若干问题的指导意见》第一条规定，自然人与非金融机构的法人或者其他组织之间的货币借贷纠纷、国库券等无记名的有价证券借贷纠纷，应当作为民间借贷纠纷案件受理。吴英案当属此列。

吴英案既然属于民间借贷纠纷案，为什么会被当成"集资诈骗"刑事案件处理？就像中国人民银行有关负责人在接受新华社采访时所说的，我国法律体系中没有"民间借贷"这一概念。

监管机关曾于1996年为借贷活动制定的规则是《贷款通则》，但《贷款通则》只适用于商业银行，不适用于民间借贷。《贷款通则》不当地限制了民间借贷，把贷款人限定为必须持有《金融机构营业许可证》的中资金融机构。

如今《贷款通则》早已不适应市场经济发展的需要，监管机关曾经试图修订《贷款通则》，但由于很难把金融机构贷款和没有金融牌照的民间借贷统一起来，修订《贷款通则》的意愿一直没有实现。

后来，监管机关又起草了"放贷人条例"。但是该条例还是无法把有金融牌照的借贷活动和没有牌照的民间借贷活动统一起来，利益博弈难以摆平。"放贷人条例"千呼万唤不出来，至今没有颁布实施。

为了保障民间借贷的公共利益，明确民间借贷与非法集资的界线和范围，现在到了为民间借贷专门立法的时候。专门为民间借贷立法，将民间借贷与金融机构借贷分成两个借贷市场，可以解决监管机关一直无法解决的如何将有金融牌照的金融机构借贷活动与没有金融牌照的民间借贷活动统一起来的难题。

让民间借贷有法可依

自2011年下半年开始，浙江温州、内蒙古鄂尔多斯、江苏常熟等地的民间借贷危机相继爆发，并开始向全国蔓延。民间借贷的困境已然凸显，我们该如何走出困境？

尊重民间借贷市场

2011年，中国国内生产总值增长9.2％，达到47万亿元。2011年12月末，中国本外币存款余额82.67万亿元，人民币存款余额80.94万亿元，其中，民间资本存量30万亿元人民币，占中国2011年GDP总量的64％。

据全国工商联调查，规模以下的中小企业90％没有与金融机构发生任何借贷关系，微小企业95％没有与金融机构发生任何借贷关系。能够在证券市场上市融资的中小企业，更是寥若晨星。

这是因为，一方面，民间有30万亿元存量资本；另一方面，绝大多数民营企业或中小企业得不到金融机构的融资，只能在30万亿元民间资本中寻求资金支持。这也是民间借贷市场形成的原因。

中小企业融资需求急剧增长，金融机构由于体制和成本的原因，不能提供及时、充分的资金供给，这给了民间借贷快速发展的空间。与金融机构提供融资相比，民间借贷更加灵活、简便、快速，且收益颇丰。民间借贷成为民间资金供给和需求交易的平台，既让富余的民间资金实现了保值增值，又帮民营企业解决了融资困难问题，实现了交易双方的双赢。

2010年年底，中国人民银行温州市中心支行进行的一次民间借贷问卷调查显示，接受调查的对象中，89％的家庭和59.67％的企业参与了民间借贷。鄂尔多斯的民间借贷普及程度，与温州相比，有过之而无不及。即使在北京、上海等市场比较规范的一线城市，由于房价高企，大学毕业生和中产阶级要买房，除向银行按揭贷款外，首付款都要向亲朋好友筹借。这些借贷不管付不付利息，都属于民间借贷。说全民借贷，并没有夸张到哪里去。

中国市场经济发展到今天，逐渐形成了两个借贷市场：一个是由有金融牌照的金融机构发放贷款的借贷市场，另一个是由没有金融牌照的非金融机构发放贷款的民间借贷市场。有金融牌照的金融机构发放贷款的借贷市场，由《贷款通则》监督管理。没有金融牌照的非金融机构发放贷款的民间借贷市场，不应由《贷款通则》监管，这是民间借贷市场应获得的承认和尊重。但是由于《贷款通则》于20世纪90年代初出台时，国有银行几乎占据了全部的借贷市场，民间借贷受到压制，可以忽略不计，于是，《贷款通则》自然以中资金融机构为唯一合法贷款人并影响至深。

　　那么，民间借贷市场由谁来监管？当然由法律来监管。

　　《中华人民共和国民法通则》第九十条规定："合法的借贷关系受法律保护。"同时，《中华人民共和国合同法》第十二章有16条对借款合同作出了规定。《民法通则》和《合同法》都没有将借贷区分为金融机构借贷和民间借贷，所以民间借贷应当是适用于《民法通则》和《合同法》的合法借贷形式。

　　按照《民法通则》、《合同法》、《公司法》、《担保法》和《企业所得税法》等法律的相关规定，民间借贷是合法的，受法律保护。市场的所有主体，包括政府、金融机构、企业、民间借贷双方、自然人，都应当遵守这些法律规定，接受其对民间借贷的监督管理。

　　政府如果愿意作监督管理者，没有问题，给民间借贷者发放金融牌照，自然获得监督管理权。不过，民间借贷者获得金融牌照后就变身为金融机构，不再是民间借贷者。

应为民间借贷立法

有关民间借贷的规定分散在《民法通则》、《合同法》、《公司法》、《担保法》和《企业所得税法》等法律规定中，加之中国的执法水平有待提高，民间借贷市场陷入困境在所难免。

浙江、广东、内蒙古、江苏、河南、福建等地都出现过民间借贷泡沫破灭的现象。据不完全统计显示，一年多时间，仅浙江温州市就有10人因民间借贷自杀，200人跑路，284人被刑事拘留。

浙江大学法学院教授李有星认为："目前，浙江省的民间融资主要存在9个方面问题：主管机关缺位，信息监测体系缺乏，民间融资组织规范欠缺，高利率增加企业破产风险，非法转贷放债牟利显现，非法融资广告网络公开化，融资服务中介或金融掮客缺乏管理，非法集资活动依然存在，法律责任可操作性缺乏。"

浙江的民间借贷问题是全国民间借贷问题的缩影，民间借贷市场需要专门的"民间借贷法"来引导和规范，这就是中国人民银行和温家宝同志主张的让民间借贷阳光化和规范化。

未来的"民间借贷法"不能缺少如下内容：

第一，将民间借贷市场与金融机构借贷市场分开。民间借贷与金融机构借贷井水不犯河水，但两个市场可以打通，水井满了可以流到河里去。

第二，禁止民间借贷募集公共存款。民间借贷要防止"拆东墙，补西墙"、"空手套白狼"的"庞氏骗局"。民间借贷不得与不特定的、广泛的自然人和非金融机构经济组织发生借贷法律关系。民间借贷一旦需要与不特定的、广泛的自然人和非金融机构经济组织发生借贷法律关系，应当向金融监管机关申请批准，取得经营金融业务许可证，成为村镇银行、社区银行等金融机构，接受金融监管。

第三，禁止民间借贷以发展人头的方式进行资金传销或炒资金。

第四，坚持"自由交易，欠债还钱"的民间借贷基本原则。

为了体现"自由交易，欠债还钱"的民间借贷基本原则，未来的"民间借贷法"要不限定利率。利率在市场上自由竞争，市场反而不会出现普遍的高利贷。

时任银监会主席助理阎庆民认为，利率市场化可以发挥市场资金的配置作用，有助于减少高利贷或者不合理、不合法的民间借贷情况的出现。近年来实体经济对资金的需求从正规金融渠道得不到满足，很多企业都通过民间借贷获得资金融通，如果加快推进利率市场化，这种情况应该可以得到有效缓解。

第五，民间借贷应按成本最低、财富最大化的双赢原则形成借贷合意，公平行使借贷权利，诚信履行借贷义务。

第六，民间借贷内容应当在工商行政管理部门或乡镇政府进行登记，或将借贷合同（或借据）、担保合同、银行付款凭证、收据复印件在工商行政管理部门或乡镇政府进行备案，以便于政府及时了解民间借贷动态，并统计民间借贷相关数据。

第三章
中国人如何发挥产业智慧

北方人不懂南方的冷

　　近年来，人大代表和政协委员屡屡向"两会"提交议案和提案，倡议南方供暖。在2012—2013年这个28年来最寒冷的冬天里，南方是否供暖史无前例地成为公共话题的热点。南方是否供暖甚至在网络上引发了南方人和北方人的口舌之争，有网友调侃"北方人不懂南方的冷"。

寒冬里的两个悲惨故事

　　2012年11月一个初冬的晚上，贵州毕节市5名流浪男孩被发现死在路边的一个垃圾箱内。衣衫褴褛的他们为了挨过漫长冬夜，躲进垃圾箱内生火取暖，结果一氧化碳中毒。他们中最大的13岁，最小的只有9岁。

　　"中国童话大王"郑渊洁痛心疾首地发微博评论："11月15日是值得中国人民永远记住的日子。贵州五位7～13岁的孩子为避寒躲在垃圾箱里点火取暖窒息身亡。虽然你们在垃圾箱里离开世界，但你们不是垃圾，未能对你们尽到呵护责任的成年人才是垃圾。冻死儿童就是冻结未来。请你们在天堂和卖火柴的小女孩团聚时宽恕我们。"

2013年大年初三，同样是在这个寒冷的冬天，当大家沉浸在春节的喜庆氛围中时，安徽安庆一对年仅22岁的双胞胎姐妹双双死在了自家卧室的床上。后经调查，两姐妹狭小的卧室门窗紧闭，屋内开着空调，床上还开着电热毯，疑电热毯漏电致死。

这两起悲剧缘何发生？导致这两起悲剧发生的原因是多种多样的，但南方不供暖无疑是原因之一。

南方是否供暖谁说了算

对于南方和北方的分野，中国人有三种说法。不少广东人把除广东以外的地方都称为北方，显然，这些广东人眼中的南方——广东的冬天是不需要供暖的。第二种说法是南北以长江为界。第三种是中国地理教材上的分法，南北以"秦岭淮河"一线为界。

中国南方和北方的"秦岭淮河"分界线，是1908年由中国地学会（即现在的中国地理学会）首任会长张相文，从自然地理分区的角度提出的。秦岭对冷热空气有阻挡作用，南方属于温带季风与亚热带季风气候，冬天最低气温不低于-5℃，且低温持续时间较短。

尽管长江与"秦岭淮河"沿线相距不远，但南方供暖讨论的范围显然是"秦岭淮河"一线以南区域和在"秦岭淮河"一线以北但仍没有供暖的地区。

20世纪50年代，在物质匮乏、能源奇缺的背景下，周恩来总理提出以秦岭、淮河为界，划定北方为集中供暖区。此后，中国政府一直将"南北分界线"作为"是否供暖线"，并沿用了60多年，如此便形成了现在的中国供暖现状。

因此，北方供暖和南方不供暖是政府主导的计划经济的产物，不是市场这只看不见的手自动调节形成的。"一刀切"的结果，是中国出现了违背自然规律的现象：在北方供暖地区过冬比在南方过冬舒适。在南方过冬有人的耳朵、手脚会被冻肿，屋里屋外一样冷，上床、起床都要需要勇气。

其实，人的冷暖舒适感不仅取决于温度，还取决于湿度、风速和光照。湿度对人体感受到的冷暖影响比较大，气象学普遍认为湿度每增加10%，人体感受到的温度则降低1℃。长江沿岸地区冬天湿度平均在70%左右，考虑湿度对温度的影响，长江沿岸地区冬天人体感受到的温度要比实际温度还低7度左右。

科学家认为，18℃是人体感受最舒适的温度，11℃是人体对寒冷耐受的最低限度。从前南方不供暖的理由，是南方年日均温度低于或者等于5℃的天数不到90天，但考虑温度、风速等因素的影响，人体感受到的温度要比该温度低7度。也就是说，南方地区的室内温度需要平均提高10℃以上，人才能感到舒适。

客观上说，除了冬季暖和的海南、广东、广西不需要供暖外，其他地方都需要供暖，只是需要供暖的期限有差别。北方供暖3~6个月，而南方只需要供暖2~3个月。

改革开放30多年，中国已成为GDP世界第二的经济大国，南方供暖已经成为人民群众的合理需求。中国已经由计划经济机制改革为市场经济机制，供暖的"楚河汉界"到了该取消的时候。

法律力挺市场供暖

计划经济支配下的供暖现状，不仅对南方人民不公平，而且一些其他的供暖方式有着效益低下、能源消耗大、环境污染等方面的诸多弊端。

南方冬季不供暖，一旦遇到大幅降温，南方医院门诊、急诊量就明显上升，心脑血管病、呼吸道疾病等患者急剧增多。人们冷得受不了，只能采用火盆、电暖器、空调等方式取暖，南方农村人甚至在屋里用柴火烧火堆取暖，青藏高原上的人们在屋里烧牛粪取暖。这些取暖方式既损害健康，又浪费能源、污染环境，经济上很不划算。

计划经济支配下的北方供暖费用，多是由政府出资的国有企业负担，其实质上是政府供暖。政府供暖多采用烧煤或天然气的方式集中供暖，这产生了与南方不供暖别样的浪费能源、污染环境、投资巨大等现象。

近期北京和东部近百个城市出现的长期雾霾，与政府集中供暖方式有直接关系。时任中国工程院院士、清华大学建筑节能中心主任江亿认为，集中供暖导致的过量或过度供热造成相当于总供热量15%～30%的热损失。

例如，不分户供暖的设计，导致不住人的房屋被逼供暖和交费。收取供暖费便成为难题，供暖费欠缴30%已经成为一种普遍现象。媒体曾报道，北京张女士购买的新房8年没住人，张女士以新房一直无人居住，其已通知物业公司不用供暖为由拒绝交纳2008—2011年度的供暖费12 900元，结果张女士被起诉，北京市一中院终审判决张女士交纳其拖欠的供暖费12 900元及滞纳金1000元。

既然政府供暖有浪费能源、污染环境、投资巨大等弊端，我们不妨把眼光转向市场供暖。中国没有任何一部法律禁止或限制南方供暖，更没有禁止或限制中国形成统一的供暖市场。国务院出台的两部行政法规新老"三十六条"，允许非公有资本进入法律法规未禁入的行业和领域，支持各种市场力量发展供暖事业。

国务院《关于鼓励支持和引导个体私营等非公有制经济发展的若干意见》第（三）条规定："允许非公有资本进入公用事业和基础设施领域。加快完善政府特许经营制度，规范招投标行为，支持非公有资本积极参与城镇供水、供气、供热、公共交通、污水垃圾处理等市政公用事业和基础设施的投资、建设与运营。在规范转让行为的前提下，具备条件的公用事业和基础设施项目，可向非公有制企业转让产权或经营权。鼓励非公有制企业参与市政公用企业、事业单位的产权制度和经营方式改革。"

国务院《关于鼓励和引导民间投资健康发展的若干意见》第十一条规定："鼓励民间资本参与市政公用事业建设。支持民间资本进入城市供水、供气、供热、污水和垃圾处理、公共交通、城市园林绿化等领域。鼓励民间资本积极参与市政公用企事业单位的改组改制，具备条件的市政公用事业项目可以采取市场化的经营方式，向民间资本转让产权或经营权。"

中国没有专门的供暖法律，与供暖相关的法律是《中华人民共和国节约能源法》。该法倡导加强管理，采取技术上可行、经济上合理以及环境和社会可以承受的措施，减少能源损失和浪费，有效、合理地利用能源。

《节约能源法》第十一条规定，从中央政府到省、市、县级政府，都有义务安排节能资金，用于支持能源的合理利用以及新能源和可再生能源的开发。

可见，在供暖市场上，政府按照法律规定把引导和鼓励节能、开发新能源、开发可再生能源的工作做好就足够了。

供暖Style各显神通

要不要供暖，不是政府和专家有权力决定的事，这取决于当地居民的需要。

当然，需要供暖的居民也不应该依赖政府，等待政府。除少数财政收入充裕的地方，其他地方的政府都承担不起居民的供暖费用。即使承担得起，供暖的资金也是羊毛出在羊身上。

中国大部分地区冬冷夏热，人体要达到所需要的舒适度，室内环境就要冬暖夏凉。不管是南方人还是北方人，都有冬暖夏凉的需求，有市场需求就有商机。

南方供暖的目的是让南方人民健康和舒适。如果集中供暖的方式不当，引起不健康、不舒适，那就得不偿失。住房和城乡建设部最近表态，夏热冬冷地区有必要设置供暖设施，但除利用余热、废热外，不提倡在夏热冬冷地区建设大规模集中供暖热源和市政热力管网设施为建筑集中供暖。

住房和城乡建设部提倡因地制宜地采用分散、局部的供暖方式，如用热泵式分体空调器、燃气壁挂炉、电采暖等分户独立供暖方式，以及地源热泵、水源热泵、太阳能辅助等局部供暖方式，鼓励充分利用地热能、太阳能等可再生能源供暖。

如果中国政府把引导和鼓励节能、开发新能源、开发可再生能源的事做到位，企业能够八仙过海各显神通开发出节能降耗、利用新能源和可再生能源的技术，不仅解决冬天供暖问题，还能统筹兼顾夏天制冷问题，那么中国有望在即将到来的第三次工业革命中抢占先机。

欧洲联盟认为，第三次工业革命5大支柱产业中有3大支柱产业是关于新能源和可再生能源方面的：可再生能源的广泛应用、建筑物成为能源工厂、能源储存新技术产业。

新能源和可再生能源技术满足冬暖夏凉需求，不是天方夜谭。德国议会大厦已有几百年历史，它一直是个能源消耗大户，一年消耗的能源量相当于5000个家庭的消耗量。后来德国对议会大厦进行了重新设计和改造，用可再生的植物油代替汽油发电，让过剩的热能储存在热水里，冬天用于供暖，夏天通过驱动制冷机降温。运用该先进技术，德国议会大厦的二氧化碳排放量减少了94%，产生的能源超过了消耗的能源，德国议会大厦成为了名副其实的能源工厂。

中国也已经研发出利用新能源和可再生能源的新技术。位于北京的中天同圆太阳能高科技有限公司克服了青藏高原缺氧、低压、高寒、昼夜温差大的困难，利用太阳能为藏民供暖、提供热水和生活用电，以此结束了他们烧牛粪供暖的历史。利用太阳能供暖、提供热水和生活用电，既适用于青藏高原，又可以在建筑密度低的西部地区和农村地区普及。

综上所述，通过市场主导供暖，政府鼓励节能，企业技术创新，充分应用新能源和可再生能源，中国有能力以节能、低碳、高效的方式解决南方供暖问题，推进北方供暖变革，在第三次工业革命中占据有利地位。

养生保健类图书需要专家评审吗

曾几何时，新闻出版业是中国计划经济的最后一块堡垒。当市场经济将中国变成新闻出版大国的时候，如何成为新闻出版强国这一问题便被提上了议事日程。

体制改革催生新闻出版大国

新闻出版总署于2009年年初出台了《关于进一步推进新闻出版体制改革的指导意见》，明确了推进新闻出版产业体制改革的时间表和路线图，将改革向更深层次推进。

中国图书出版行业正在产业化、市场化，出版社正在企业化。据新闻出版总署公布的数据，截至2010年12月，148家中央各部门所属的出版社转制全面展开，103家高校出版社和268家地方出版社转制工作基本完成，29家出版企业集团公司已组建完成，453家图书出版社已完成或正在转制。报刊出版单位分类改革稳步实施，全国已有1069家非时政类报刊出版单位转制或登记为企业法人。30个省级新华书店系统完成了转制，出版、报业、发行等上市公司达到31家。

打破地域和部门限制，摈弃条块分割，培育一些资产和资源集中度高、市场竞争力强的大型出版传媒集团，成为图书出版业改革的重要目标。组建大型出版传媒集团的案例有：2009年6月，北方联合出版传媒（集团）股份有限公司与天津出版总社、内蒙古新华发行集团股份有限公司签署了战略合作框架协议；2010年2月，中国出版集团公司兼并了中国民主法制出版社，重组了黄河出版传媒集团有限公司；2010年3月，时代出版传媒公司收购中国文联出版社和大众文艺出版社；2010年3月，安徽新华传媒股份有限公司与新世界出版社签订战略合作框架协议……

体制改革打通了产业发展的融资渠道，掀起了新闻出版企业重组上市的热潮。新闻出版总署先后与中国农业银行、中国银行签订了战略合作协议。至2009年年底，出版、报业、印刷、数字出版等新闻出版上市企业已达31家，实现融资2000多亿元。

在多数实体产业受到国际金融危机严重冲击的情况下，2009年中国新闻出版业逆势增长，业绩骄人，硕果累累。2009年全国新闻出版业总产值同比增长20%，突破1万亿元，中国一跃进入世界出版大国行列。

专家评审制度有用吗

2009年中国新闻出版业总产值1万亿多元，养生类图书贡献良多。养生类图书占据了畅销书的半壁江山，在前10名畅销书中约占50%。

2010年6月4日，新闻出版总署出版管理司邀请11家在京的医药、科技、科普专业出版社负责人，举行出版管理座谈会，提出对养生保健类图书经有关专家审读合格后才能出版的意见，建立专家评审制度。

在2010年6月7日中华中医药学会科普工作座谈会暨首席健康科普专家颁发证书仪式上，中华中医药学会授予尤昭玲、王琦、王新陆、仝小林、张伯礼、张国玺、唐旭东、晁恩祥、高学敏、温长路、樊正伦11位专家"中华中医药学会首席健康科普专家"称号。

专家评审出版养生类图书在全社会引起很大争议。首先，养生类图书出版多、发行量大是养生乱局，还是百家争鸣、百花齐放的繁荣景象？第二，专家评审制度会不会形成养生垄断？第三，专家评审制度会不会限制图书出版产业自身发展？第四，专家评审制度能不能遏制养生乱局？第五，如何解决新闻出版产业发展中出现的问题？

目前，图书出版方面已经有非常健全的监督管理法律制度。《中华人民共和国著作权法》、《出版管理条例》、《图书出版管理规定》、《出版管理行政处罚实施办法》、《图书质量保障体系》、《图书质量管理规定》、《出版物市场管理规定》等法律、行政法规和规章对图书出版都已有了明确的规定。既然依照这些法律规定相关出版监管机构没有发现和查处已经出版的养生书籍有什么问题，那么主观认为市场出现养生乱局就是杞人忧天。

评审养生图书的专家能对他们评审通过的养生书籍承担责任吗？如果他们不承担责任，专家评审就成了摆设；如果让他们承担责任，恐怕没有人愿意担任评审专家。评审养生图书的专家要不要回避出版养生书籍？如果限制他们出版，无疑限制了中国宪法赋予他们的公民言论自由权和出版自由权；如果不限制他们出版，那他们既是"裁判员"，又是"运动员"，很难公正，这会导致养生研究和养生传播的垄断。一个产业形成垄断，每一个人就失去了选择的余地。一旦专家有了超越于新闻出版单位和新闻出版管理机关的特权，专家评审制度不仅会导致养生产业垄断，还会导致专家权力腐败。

专家评审制度会增加新闻出版产业的成本，降低图书出版产业的效率，对图书出版产业的不利是显而易见的。实行评审制度后，报刊和书籍会更贵，新产品出版的速度会更慢，评审的专家会陷入左右不讨好，甚至里外不是人的境地，导致最后没人愿意做评审专家。由此看来，实行专家评审制度没有赢家。

新闻出版业的改革开放，与推动创新有密切关系。中国的目标是形成创新型社会，建设创新型国家，但专家评审制度不仅限制了新闻出版业的发展，还限制了中国社会的创新和活力。新闻出版业改革开放度一直不够，而并不是过头了，我们不应给新闻出版业头上戴个评审的"紧箍咒"限制其发展。

况且，专家评审制度也不具备可行性和操作性。养生是一门交叉学科，属于一个涵盖众多学科的"边缘"领域。这会导致专家评审制度在实行过程中出现很多难以解决的问题。例如，专家应该包括哪些学科的专家？什么样的资历才可以称得上是专家？谁来审，怎么审？什么是对，什么是错？专家与专家有不同意见怎么办？专家与新闻出版单位有不同意见怎么办……

出版发行书籍是一种市场行为，出版发行养生书籍也不例外。出版书籍有出版社把关，出版社认为哪部书有经济效益和社会效益，就会出版哪部书。书出版发行后，由市场进行检验，市场自然会淘汰不好的书。通过出版社之间的充分竞争，老百姓或读者才能买到好书。一旦出版社出了有问题的书，不但书销得不好，还会砸出版社的招牌。出版社在发行书籍的过程中有违法行为时，新闻出版管理机关有权对其进行查处，不需要专家出面。

采取市场竞争和法律规范的途径，才能建设性地解决产业发展中出现的问题。

企业互保、联保贷款的风险何在

曾几何时，企业互保、联保贷款被当作商业银行的创新和经验推广。然而，2012年6月，600家浙江企业同时遭遇了信贷危机，表面上看这些企业之间没什么关联，实际上他们被错综复杂的互保、联保贷款关系拴在了一根绳上，一家企业破产引发了多米诺骨牌效应。企业互保、联保贷款从"保险锁"，突然之间变成了"导火索"。

互保、联保就是没有担保

中国的商业银行给企业发放的贷款，也叫"信贷"。"信贷"是"信用贷款"的简称。实际上，商业银行极少给企业发放信用贷款，商业银行发放的基本上是担保贷款。

担保有保证、抵押、质押、留置和定金等多种担保方式。商业银行喜欢的担保方式是抵押，且多接受房产、土地作抵押。一旦房地产泡沫破灭，商业银行就会成为中国最大的房地产业主。

中小企业一般没有房地产作抵押，很难获得商业银行贷款，但中小企业对中国经济来说很重要，再加上国际金融危机后，中国实行信贷扩张政策，商业银行需要提升业务量和收益业绩，不得不考虑给中小企业贷款。

《中华人民共和国商业银行法》第七条规定："商业银行开展信贷业务，应当严格审查借款人的资信，实行担保，保障按期收回贷款。"《贷款通则》也有贷款需要担保的规定。法律和规章规定商业银行应当发放担保贷款，而中小企业又没有抵押物和质押物，于是擅长变通的中国人发明了"互保"和"联保"，企业互保和联保贷款便应运而生了。

保证贷款是指2个企业之间对等承担保证担保责任，简称为"互保"，即甲、乙两企业之间互相担保获得贷款。企业"联保"贷款是指3家或3家以上企业自愿互相担保，联合向商业银行申请贷款的信贷方式，即3家或3家以上企业自愿组成担保联合体，其中任何一家企业向银行申请贷款后，联保体成员都要根据合同约定承担还款连带责任。

以互保为例，甲企业向商业银行贷款100万元，由乙企业保证担保；乙企业向商业银行贷款100万元，由甲企业保证担保。对于商业银行来说，这相当于分别向甲企业和乙企业发放了100万元的信用贷款，没有任何担保。联保和互保的原理是一致的，只是企业数量多少的差别。

企业互保、联保贷款名为担保贷款，实为没有担保的信用贷款，是商业银行搞形式主义的自欺欺人的招数。

公司不该承担连带责任

企业互保、联保贷款在给商业银行带来风险的同时，也给企业带来了债务风险，甚至会累及企业倒闭、破产。为什么？

自1994年7月1日《中华人民共和国公司法》实施后，中国的企业大多办成了公司，少量企业办成了合伙企业。

《公司法》第三条规定："公司以其全部财产对公司的债务承担责任。有限责任公司的股东以其认缴的出资额为限对公司承担责任；股份有限公司的股东以其认购的股份为限对公司承担责任。"这表明公司这种组织形式可以分散和阻隔股东和公司的风险。商业银行发放公司互保、联保贷款，意味着公司要承担债务连带责任，这让公司的性质发生了改变，公司变成了普通合伙企业局部的普通合伙人，虽然不承担债务的无限责任，但要承担债务的连带责任。

商业银行发放公司互保、联保贷款，在违反《公司法》的相关规定的同时，让公司承担了其他公司的债务。如果其他公司因诚信或经营管理问题还不上债务，互保、联保公司作为保证担保人，不得不替其还债，额外的债务可能压垮保证人公司，导致保证人公司倒闭、破产。

此外，联保的企业链条过长，像600家企业联保，会对区域经济造成冲击，同时造成局部系统性金融风险，这种风险如果处理不好会引发社会不稳定。

如何防范、化解互保联保风险

在经济景气时期，商业银行发放企业互保、联保贷款，商业银行和企业都有收益，这是一个高收益、低成本、风险被掩盖的银企商业合作模式。

在经济下行期，被掩盖的风险一旦爆发，商业银行和企业便双双失去了收益。这种银企商业合作模式经不起考验，产生多米诺骨牌效应在所难免。

如何防范和化解企业互保、联保贷款风险？第一，商业银行应删繁就简，撕下互保联保的面纱，抛弃形式主义，为企业降低成本，给信用好的企业发放名副其实的信用贷款。

《商业银行法》第三十六条第二款规定："经商业银行审查、评估，确认借款人资信良好，确能偿还贷款的，可以不提供担保。"法律规定商业银行可以发放信用贷款，商业银行应该摒弃发放贷款就一定要担保的错误观念。

但是，商业银行不该向关系人发放信用贷款，以避免腐败问题。商业银行的关系人包括商业银行的董事、监事、管理人员、信贷业务人员及其近亲属，以及这些人员投资或者担任高级管理职务的企业和单位。

第二，商业银行应当在经营管理中把信用当作自己的生命。信用是商业银行生存和发展的核心，商业银行的品牌以信用为基础。商业银行大多实行垂直化管理，分支机构的管理链条很长，像国有控股商业银行有总行、省级分行、市级分行、支行和分理处5个层级，基层的3个层级时常有损害银行信用的现象发生。在发放贷款时，有些基层银行管理人员给借款企业搭售条件，要求借款企业给银行管理人员的关系企业作贷款担保，这导致企业互保、联保贷款没有以平等、自愿为前提，这是引发企业互保、联保贷款风险的重要原因。

第三，商业银行应当领衔推动建立完善的中国企业信用评级体系。企业信用评级体系完善后，商业银行给AAA级信用企业发放信用贷款，既可以降低企业的融资成本，又可以提高商业银行的经营效率和降低放贷成本。在中国企业的信用评级体系没有建立之前，商业银行应当有自己的企业信用评级体系或标准。如果互保、联保企业的信用等级相同，互保、联保企业的还款能力相同，贷款风险不会兑现。如果信用等级不同，信用等级低的企业会把信用好的企业拉下水，甚至使整个互保、联保贷款链条陷入危机。

汽车召回是一件很正常的事

中国一跃成为世界第一汽车生产国和消费国的时候，恰逢丰田汽车、福特汽车等国际大牌汽车企业召回事件在全世界闹得满城风雨。实际上，召回是汽车法律的常态。中国汽车企业如何应对召回这个永恒的法律主题，应提上议事日程。

汽车召回是指投放市场的汽车，由于设计或制造方面存在缺陷，不符合有关的法律法规、产品标准，有可能导致安全或环保问题，汽车企业必须及时向国家有关部门报告该产品存在问题、造成问题的原因、改善措施等，提出召回申请，经批准后对在用车辆进行改造，以消除事故隐患。

49亿赔偿案的教训

安德森诉通用汽车公司案，是关于汽车召回的典型案例。1993年圣诞平安夜，原告安德森女士与她的4个孩子及一位朋友去教堂参加午夜弥撒后，驾驶通用汽车公司1979年产雪佛兰马利布型汽车回家。当她们在一个十字路口等候红绿灯时，跟随其后的一辆醉酒司机驾驶的汽车突然朝她们的车尾猛撞，位于车尾部的油箱随即起火爆炸。事故中安德森的3个孩子身体烧伤面积超过60%，安德森与她的朋友以及另一个孩子的烧伤程度达2～3度。事后6岁的艾丽萨动了70次手术，她的妹妹动了60次手术。陪审团一致同意裁定通用汽车公司向受害者赔偿49亿美元，其中1.07亿美元是对两个妇女四个孩子所遭受痛苦的补偿性赔偿，其余48亿美元是对通用汽车公司的"欺骗"与"有意犯罪"进行的惩罚性赔偿。

这起巨额赔偿判决的焦点在于，安德森的律师掌握了通用汽车的一位工程师在1973年提出的一份被称为"价值分析"的报告，报告说解决包括引起死亡在内的法律纠纷，每辆车平均花费2.4美元，而如果召回解决油箱设计问题，每辆车平均要花8.59美元。该报告证明通用汽车公司早已知道这一型号汽车的油箱存在潜在危险：油箱距后保险杠太近，经不起撞击。但是出于成本和利润方面的考虑，通用汽车公司对此采取了置之不理的做法。律师据此得出结论：通用汽车公司根本不重视驾车人的生命安全，应当对此负责。49亿美元的惩罚性赔偿，是通用汽车违反汽车召回法律，懈怠召回有问题汽车而被迫吞下的苦果。

美国是生活在汽车轮子上的国家，美国的汽车召回法律制度历史悠久。起始于20世纪60年代的《国家交通及机动车安全法》，对汽车召回作出了规定。美国制定的《大气清洁法》，把不符合环保条件的汽车也纳入了召回范围。美国的基础法律制度，包括产品侵权责任法让美国汽车召回制度有力地运作了起来。

欧洲、日本、加拿大、澳大利亚等汽车产业发达的国家和地区，也早已建立了完善的汽车召回法律制度。

而中国的汽车召回法律制度始于2004年10月1日实施的《缺陷汽车产品召回管理规定》，这是由国家质量监督检验检疫总局、国家发展和改革委员会、商务部和海关总署联合制定的。在此规定实施之前，车主都是根据《中华人民共和国消费者权益保护法》和《中华人民共和国产品质量法》，维护自己的合法权益。自2010年7月1日起施行的《中华人民共和国侵权责任法》，第一次将包括汽车召回在内的产品召回写进法律，在被侵权人有权请求相应的惩罚性赔偿方面，也有了突破。对于汽车召回法律制度来说，《中华人民共和国侵权责任法》是具有里程碑意义的一部基础性法律。

表面上看，汽车召回是汽车企业的经营管理行动，是汽车产业事件，实质上汽车召回是汽车有关各方遵守法律的行为。

世界汽车工业发展的历史，也是一部汽车召回法律制度进步的历史。

主动召回带来多赢结局

汽车召回解决的是普遍存在的安全缺陷问题，是一种重要的消除潜在危险的预防性措施。

从政府管理的角度看，为了维护公共安全，有安全缺陷的汽车必须召回。汽车企业可以主动召回，如果不主动召回，政府可以强制召回或责令召回。

汽车召回会增加汽车企业的成本，减少利润，还会对汽车企业及其产品的信誉产生巨大影响，因此汽车企业应对召回时会有五种类型的处理方法：主动召回、变相召回、被强制召回、隐匿召回、拒不召回。

主动召回是指确认产品存在缺陷后，按照召回的法定程序，汽车企业立即停止生产和销售存在缺陷的产品，依法向主管部门报告，向社会公布有关产品缺陷等信息，通知销售者停止销售存在缺陷的产品，通知消费者停止使用存在缺陷的产品，并及时实施产品召回。

汽车企业知道产品存在缺陷后，不履行召回的法定程序，只对产品缺陷进行私下维修，借着送保养或零部件升级换代的名义，悄悄地解决故障，既不报告主管部门，又不明示车主的做法，可谓变相召回。

确认产品存在缺陷后，汽车企业不主动召回，而由政府责令其召回的，就是被强制召回。

知道产品存在缺陷后，汽车企业采取隐瞒真相、虚构事实的方式企图逃避召回的做法，就是隐匿召回。

拒不召回是指，确认产品存在缺陷后，汽车企业既不主动召回，又不服从政府责令召回，拒绝召回缺陷产品。

汽车召回涉及人的生命和健康安全，召回法律制度把召回规定为汽车企业的法律义务。既然这样，明智的汽车企业家会把主动召回作为第一选择。

既然召回无法避免，汽车企业不如趁早主动召回，在减少损失的同时，还可以借此获得质量与品牌忠诚度的提升。召回处理得当，汽车企业不仅不会失去市场，反而会提升企业公信力，赢得消费者的信任。召回不会根本性摧毁品牌，反而在"没有十全十美的产品"的假定下，那些主动召回，勇于面对现实，敢于向生命和健康负责的汽车企业，最终会赢得市场的高度支持。

对于消费者或车主来说，汽车企业主动召回能避免安全事故，维护自己的合法权益。之于政府，主动召回则节省了政府的行政资源，维护了社会安定与和谐，降低了社会成本。

主动召回有缺陷的汽车，既是汽车召回法律制度的要求，又对汽车企业、消费者和政府有利。可见，主动召回带来的是多赢的结局。

召回是永恒的法律主题

2009—2010年，全球第一大汽车企业、以"丰田生产方式（TPS）"著称的丰田汽车召回了850多万辆汽车，比其一年销售出去的汽车数量还要多，并由此爆发了"召回门事件"。美国国会就丰田汽车召回专门举行了听证会。

根据国家质检总局的数据，自2004年10月1日《缺陷汽车召回管理规定》实施以来，截至2008年12月31日，国内外54家汽车企业在中国共召回150次，涉及174种车型，总计召回缺陷汽车184万余辆。2009年，中国汽车共召回56次，涉及车辆135.5万辆，超过2008年1.5倍。在召回次数和召回数量上，2009年中国汽车召回都创历史新高。2009年中国汽车召回共涉及32个企业，既有玛莎拉蒂、奔驰、宝马、路虎、捷豹、沃尔沃、丰田、本田等国际大牌，也有吉利、长城等本土自主品牌。

从历史上看，美国自实行汽车召回制度以来，共召回了1.6亿多辆汽车。召回汽车数量最多的一次，是20世纪70年代美国福特汽车公司因燃油箱设计不合理存在安全隐患，召回了100多万辆汽车。零部件召回数额最大的一次，是1990年近300万个儿童座椅因存在安全隐患被勒令全部召回。

无论是过去的几年还是追溯汽车召回的历史，不论是国际大牌抑或是中国本土品牌，没有缺陷的汽车是不存在的，汽车召回是汽车企业的家常便饭。

自美国实行汽车召回法律制度以来，汽车的质量和安全性得以大幅提高，交通安全事故得到了有效遏制，汽车工业也由此得到高速发展。其他汽车市场发达国家纷纷效仿，制定并实施了符合本国国情的汽车召回法律制度。可以说，世界汽车工业发展的历史，也是一部汽车召回法律制度进步的历史。

汽车召回的直接结果是，汽车企业向消费者提供高质量、安全环保的汽车产品。汽车召回法律制度的原理在于，召回能最大程度地保障消费者生命、健康、财产的安全，同时也在保护汽车企业的信誉和品牌，最终保护了汽车企业的根本利益和长远利益。因此，召回是汽车企业永恒的法律主题。

主动召回既是汽车企业的法律义务，也是汽车企业提升核心竞争力的必由之路，应当成为明智的汽车企业家的首要选择。那些抱着侥幸心理，企图降低成本、提高利润，打算变相召回、被强制召回的汽车企业，必然在危机公关和风险管理中输得一败涂地。

而那些准备隐匿召回、拒不召回的汽车企业，除了要面临来自政府的严厉处罚外，在严重事件中有关人员还要承担刑事责任。在经济上，消费者可以根据《消费者权益保护法》第四十九条，取得加倍赔偿，也可以根据《侵权责任法》第四十五条和第四十七条，取得侵权赔偿和惩罚性赔偿。这使拟隐匿召回、拒不召回的汽车企业，不得不应付无穷无尽的诉讼，面对接踵而来的索赔，直至破产、倒闭，或者出现中国式的"安德森诉通用汽车公司"案例。

在世界汽车产业重心正在向中国和其他新兴市场国家转移的时候，国际上发生的重大汽车召回事件是对中国汽车企业敲响的警钟，是免费的经验教训。中国的汽车企业，做好召回的准备了吗？

汽车产业整合别丢开法律

世界汽车产业正在向中国和其他新兴市场国家转移。中国要抓住这次机遇，整合130多家汽车企业。但是，中国汽车产业整合应吸取其他产业整合的经验教训，按照汽车业的产业规律和市场规律依法进行。

产业转移进行时

据中国汽车工业协会公布，2009年中国汽车产销量分别为1379.10万辆和1364.48万辆，同比增长48.30%和46.15%，创历史新高。同时，2009年中国汽车产量首次超过日本，位居世界第一，2009年中国汽车销量约为美国的1.3倍，中国一跃成为世界第一汽车生产和消费国。

欧洲汽车制造商协会发布的数据显示，2009年欧洲市场新车销售约为1448万辆，同比下降1.6%。加拿大丰业银行的《全球汽车报告》显示，2009年上半年，巴西、中国、俄罗斯的新车销售同比分别增长24%、17%和40%，在巴西、印度、中国等新兴经济体市场旺销的带动下，全球汽车销售有望创出历史新高。普华永道的分析也认为，2007—2015年，巴西、俄罗斯、印度和中国对世界汽车销量增长的贡献率将分别达6%、12%、15%和31%。

2007年还是世界销量第一的通用汽车，在2009年申请破产保护；2008年世界销量第一的丰田汽车当年亏损44亿多美元。而美国投资家巴菲特投资的比亚迪汽车2009年销量增长了160%，其催生了中国首富王传福；2010年3月，吉利正式收购沃尔沃100%股权。

种种数据和事件显示，世界汽车产业正在由美日欧向中国、韩国、印度、俄罗斯、巴西等新兴市场国家转移。

中国汽车产业整合的时机

世界汽车产业向中国转移的第一个成果，是中国变成世界第一汽车生产和消费国，中国由此成为实至名归的汽车大国，汽车业肩负支撑中国经济和扩大内需的使命。但是，由于中国汽车产业的技术开发水平与世界汽车强国还有很大差距，二氧化碳排放、石油资源的大量消耗、交通问题等还未得到妥善解决，中国还不是汽车强国。

中国要享有世界汽车产业转移的第二个成果，即成为汽车强国，整合汽车产业是必由之路。

首先，中国汽车产业整合是规模经营的需要。2008年，中国汽车销量为938万辆，按130家企业平均，每家企业平均销售7万多辆，即使2009年中国汽车销量居世界第一，每家企业的平均销量也只有10万多辆，与规模经营的汽车产业规律要求相去甚远。目前中国汽车仍处于全球产业发展的低级阶段，品牌知名度和影响力有限，自主创新能力不足，国际竞争力和资本运营能力不强，企业数量过多，投资分散，同质化竞争严重，难以有效利用资源，造成了资金、人才、技术、产能和土地资源的巨大浪费，不适应规模经营的汽车产业规律。汽车资金密集、技术密集、劳动力密集的产业特性，决定了规模经营才能赢得生存和发展。

第二，中国巨大的市场为汽车产业整合提供了有利条件。中国目前汽车千人保有量只有38辆，还不到世界平均水平千人139辆的零头。截至2009年8月底，中国私人轿车保有量为2300万辆，而国内有能力购车的家庭超过一亿个。中国巨大的汽车市场，是汽车产业整合的坚实基础和有利条件。

第三，中国的宏观经济政策支持汽车产业整合。中国今后几年的宏观经济政策是保增长、调结构，而支持和引导中国汽车产业整合的《汽车产业调整和振兴规划》，与宏观目标相一致。

第四，中国的市场机会和国际环境适合汽车产业整合。中国有130多家合资、国有、民营汽车企业，有实力的汽车企业大多在国内和香港上市，产业整合的市场机会很多。全球金融危机导致美日欧车企经营困难，这为中国车企提供了收购兼并的机会。

第五，国际竞争压力成为中国汽车产业整合的动力。美日欧车企虽受金融危机较大冲击，但中国车企与之相比仍然差距巨大，这种明显的竞争压力成为本土民族车企掌门人李书福、王传福等进行国际化整合的动力。

第六，中国汽车产业整合有后发优势，特别是在新能源汽车的开发上，中国与发达国家站在同一起跑线上，比如在电动车方面，比亚迪已处于世界领先地位。

整合别抛开法律

中国要由汽车大国涅槃为汽车强国，现在到了产业整合的关键时期。汽车业是一个有100多年历史的传统产业，技术很成熟，中国汽车整合后赶超发达国家，需要解决知识产权法律纠纷的后顾之忧。

通过产业整合做大企业的惯常思路，是大型车企在全国范围内兼并中小车企，次大型企业实施区域性兼并重组。但是，中国汽车产业整合的思路可以放得更开阔。

中国汽车产业现状是，国有或合资企业可以互相整合，国有、合资企业可以整合民企，而民企想整合国有或合资企业是很难的，这样是违背市场经济潮流的，容易出现汽车产业的国进民退。在汽车这个充分竞争的产业中，国进民退一定是条死胡同。

中国车企不管是国有、合资或是民营，上市的汽车企业都是股份制或混合所有制，按照中国法律均为企业法人、合法的纳税人，都是平等的市场主体。只要符合资源合理配置的市场原则，按照《宪法》、《公司法》、《合同法》、《物权法》、《反不正当竞争法》、《反垄断法》、《专利法》、《商标法》、《著作权

法 》、《 节约能源法 》、《 循环经济促进法 》、税法以及中国认可的国际公约和国际惯例等法律规定的规则和程序，谁都有权利整合谁。

中国要成为世界汽车强国，其行业整合的市场眼光不应局限于国内，更不应该局限于国内区域市场。所有的企业应当有更大的市场自由度，应该放眼全球。具有普世价值观和市场法律规则意识，中国汽车企业才能走上中国汽车产业整合的路径，而非"家长"安排的1+1=2的整合模式。

那么，按照汽车产业整合的法律路径，中国汽车市场应该既允许"大鱼吃小鱼"，又可"快鱼吃慢鱼"，还能"小鱼吃大鱼"、"中鱼吃洋鱼"、"非鱼吃鱼类"。只要是依法进行的整合，我们都支持，这才是市场竞争之道、法律精神之所在。

山西煤炭企业整合不能逾越法律底线

2009年3月开始的史上规模最大的山西煤炭企业整合，名义上是大企业收购、兼并小企业，实际上是一场国企收购、兼并民营煤炭企业的运动。有专家预测，山西煤企整合中"煤老板"拿到的补偿金将达到3000亿元上下，"煤老板"这一说法由此可能成为历史。然而，是国进民退也好，是改善山西产业结构也好，山西的煤炭业整合都不应逾越法律底线，必须坚持合法双赢。

山西煤矿整合在行动

近十年，众多的山西煤矿一直在经历整合的进程，政府采取了停产、整顿、兼并、重组、收购等措施进行整合。

盘点山西省的煤炭资源家底，到2008年12月底，山西省共有各类矿井2598座，煤炭生产能力9.4亿吨，煤炭产量（统计口径）6.56亿吨。全省煤炭行业实现销售收入3500亿元，完成工业增加值1389.7亿元，实现利税883.3亿元，三项数值分别占全省工业的35.1%、39.6%和64.8%。

根据2009年5月8日颁布的《山西省煤炭产业调整和振兴规划》，山西煤炭产业整合的目标很宏伟：到2010年，煤炭生产能力达9亿吨/年；到2015年，生产能力达9.6亿吨/年，大集团煤炭产量达到全省的80%以上，煤矿百万吨死亡率下降到0.1人以下，煤炭职工职业病得到有效防治。

根据规划，实现这些宏伟目标的主要手段是，山西省各市人民政府作为兼并重组的责任主体；省内国有大型煤炭企业要积极配合，主动参与兼并重组工作；兼并重组的矿井生产规模达到90万吨/年，企业生产规模不低于300万吨/年；严格控制煤矿下井人数，"一井一面"矿井每班采掘工人必须控制在50人以内。

山西省对被兼并重组煤企的补偿办法，以施行《山西省煤炭资源整合和有偿使用办法》的2006年2月28日为分水岭：凡是在此日之后向国家已交纳资源价款的，可按原价款的50%得到经济补偿；在此日之前，向国家已交纳资源价款的，在退还剩余资源量价款的同时，还可得到100%的经济补偿。

除了直接经济补偿之外，被兼并的煤炭企业也可以按照资源资本化的方式，折价入股新组建的企业，但只能参股，不能控股。因此，这次山西煤企整合以国有大型煤炭企业为主导，被整合者有三个出路：直接出售给国有企业集团、以矿价入股国有集团以及联合重组地方煤炭集团。

不要违法整合

《中华人民共和国煤炭法》第六条规定，国家保护依法投资开发煤炭资源的投资者的合法权益，国家对乡镇煤矿采取扶持、改造、整顿、联合、提高的方针，实行正规合理开发和有序发展。煤炭法第十三条规定，国有煤矿企业和其他具有独立法人资格的煤矿企业、煤炭经营企业依法实行自主经营、自负盈亏、自我约束、自我发展。《山西省煤炭管理条例》第五条规定："各级人民政府应当依法保护煤炭生产经营企业的合法权益，维护企业正常的生产、经营秩序，加强对煤矿安全生产的领导。"

根据这些法律和法规的规定，不管是国有煤矿企业，还是乡镇煤矿企业，或是民营煤矿企业，都有独立的经营自主权，煤矿企业的合法权益受法律保护。煤企如果出现"不买也得买，不卖也得卖"的现象，就违反了这些法律和法规的规定，是不应当存在的。合法的煤企整合，应当是在平等自愿基础上的自由联营，是产权明晰前提下的友好合作，是通过拍卖、招投标等市场手段实现的资源整合，而不是同床异梦的"捆绑夫妻"，也不是由众多船只和小舢板组合成的"航空母舰"。

事实上，无论是《国务院关于促进煤炭工业健康发展的若干意见》，还是《山西省煤炭管理条例》，都规定煤企整合要跨越所有制、地域和行业的局限。一味强调国有企业作主导，民营企业只能被买断或只能做整合煤企的小股东的做法，既与这些法规的规定不合，又违背了国退民进的市场经济潮流。只允许地方国企和中央国企作领头羊，事实上就是排斥已投资在山西的成百上千亿的省外煤炭资金——这显然既违反了法规的规定，又恶化了山西的投资环境。合法的煤企整合，应当是打破所有制、地域和行业保护的桎梏，实行市场化的煤炭资源整合。

　　"煤炭资源整合"与"煤炭企业整合"显而易见不是一回事。国家安全生产监督管理总局、国家煤矿安全监察局等在《关于加强煤矿安全生产工作规范煤炭资源整合的若干意见》中规定，煤炭资源整合是指合法矿井之间对煤炭资源、资金、资产、技术、管理、人才等生产要素的优化重组，以及合法矿井对已关闭煤矿尚有开采价值资源的整合。煤炭资源整合的目标，一是依法关闭不具备安全生产条件、非法和破坏浪费资源的煤矿；二是淘汰落后生产力；三是提升煤矿安全生产条件，提高煤矿本质安全程度；四是压减小煤矿数量，提高矿井单井规模，山西省经整合形成的矿井的规模不得低于30万吨/年；五是合理开发和保护煤炭资源，符合已经批准的矿区总体规划和矿业权设置方案，回采率符合国家有关规定。

　　从山西先后发布的一系列地方规章可以看出，山西没有将煤炭资源整合与煤炭企业整合严格区分开来，山西开始进行的是煤炭资源整合，后来逐渐演变成了煤炭企业整合。搞煤炭企业整合容易陷入所有制、地域和行业的误区，而从事煤炭资源整合更具有合法性，也更符合整合的根本目的和最终目标。山西需要摆脱煤企整合的困境，回归煤炭资源整合。

要多赢不要共输

《山西省人民政府关于推进煤炭企业资源整合有偿使用的意见（试行）》第二条规定，推进煤炭资源整合要充分考虑保护国家资源，体现国家利益，最大限度地实现资源价值；妥善处理好政府、投资者、集体和农民的利益关系，努力做到国家资源不浪费，资源性资产不流失，投资者权益不受损害，农村集体经济不受影响，农民既得利益不受损失。

这一规定，山西省政府做得很明智。对于山西各级政府来说，优化投资环境，把退出煤炭行业的三四千亿元资金留在山西，山西的GDP、财政收入和就业就有了保障，山西经济的可持续发展就多了一份力量。山西把政府未来重点调控的6500亿元投资项目向民间开放，发布了《关于促进民间资本进入我省鼓励类投资领域的意见》就是一个最好的证明。该意见意在鼓励和引导民间资本从煤炭领域向国家、省鼓励的投资领域转型，重点引导民间资本投资公路、铁路、桥梁、城建、环保等基础设施领域和城市公交、燃气等市政公用设施领域，投资将得到土地供应、财政扶持、税费优惠等九个方面的政策鼓励。

但是，有意愿兼顾政府、投资者、农村集体等各方利益是一回事，政策有没有可行性、良好的意愿能否实现又是另外一回事。

对于只熟悉煤炭行业的"煤老板们"来说，转行是很难的，既要聘请到诚信而又有能力的职业经理人和专业人士，又需要政府的优质服务。

"煤老板们"关心的另外一些问题是，将煤矿折价入股后，小股东在大国企中的股东权益能否得到保障？国有企业的运行成本是否低，运营效率是否高？整合后的煤企能否持续盈利，自己能分到多少红利？

　　如果不选择入股，"煤老板们"关心的是不能将煤矿廉价出售，整合补偿要充分、合理、及时。拥有三四千亿元煤炭资金的"煤老板们"，除了在北京和海边买房外，会将资本投资在最安全和收益最大的地方。

　　煤矿所在地的集体和农民，始终是弱势群体，但他们不是没有权利意识，也不是没有博弈的工具。他们的利益所在是，不管整合不整合，不管如何整合，都不能把疾病、贫穷、缺水和污染留给当地老百姓。当地需要的饮水、学校、医院、道路和老百姓的福利，整合煤企理应承担自己的社会责任，政府更是责无旁贷。

　　整合煤企的利益在于能够以合理的价格收购、兼并自己心仪的煤矿，最大限度地实现煤炭资源价值，按照市场规律运作，产生规模效应，建立完善的法人治理结构，做大做强企业，使自己具有市场竞争力。

　　山西能在这次巨大的改革中实现设定的目标吗？我们对此充满期待。

中国反盗版的瓶颈

中国文化创意产业和软件业发展的瓶颈日益表现在盗版问题上，盗版一直是制约中国版权产业发展的毒瘤。虽然反盗版工作从来就没有停止过，但近年来反盗版走到了一个瓶颈，正版产品在经济上蒙受巨大损失，盗版却仍然过得滋滋润润。那么，反盗版存在什么瓶颈？该如何有效解决？

反盗版不该政治化

在新出炉的美国国会《2009年国际盗版报告》中，包括中国、俄罗斯在内的国家榜上有名，中国被列在首位。报告认为，2008年中国的盗版问题没有明显变化，报告还将中国最大的搜索引擎百度列入了黑名单，指责中国许多网站以提供盗版材料的下载链接模式盈利。

美国国会认为，问题出在这些国家缺乏反盗版的政治意愿。欧盟曾经对中国也有类似的指责，在欧盟的一个知识产权执行问题调查报告中，中国被排在"问题至多国家"的首位。欧盟和美国一样，把中国的知识产权问题同市场经济地位挂钩。美国还与欧盟、日本联合起来对中国的盗版问题发难。可见，反盗版问题已被政治化。

　　缺乏反盗版的政治意愿，这样描述中国不符合事实。中国已有完整的保护著作权或版权的法律和政策体系，中央政府已充分认识到盗版对中国经济社会发展的危害，中国本身是盗版最大的受害者。中国加强对包括版权在内的知识产权的保护是利国利民的，它既是增强中国自主创新能力、建设创新型国家的迫切需要，也是增强中国企业市场竞争力、提高国家核心竞争力的迫切需要。

　　中国于1990年颁布《中华人民共和国著作权法》，1992年加入《世界版权条约》和《伯尔尼保护文学和艺术作品公约》，成为世界版权保护组织的一员，这充分表明了中国对版权保护的意愿和决心。2001年，国务院和版权行政主管部门陆续颁布了《中华人民共和国著作权法实施条例》、《著作权行政处罚实施办法》、《展会知识产权保护办法》等行政法规和规章，完善了中国的版权保护体系。中国在1997年修改刑法时，将"侵犯知识产权罪"列入了《中华人民共和国刑法》，最高人民法院专门出台了《关于办理侵犯知识产权刑事案件具体应用法律若干问题的解释》，将知识产权扩展到了刑事保护的范围。国务院还专门制定了《国家知识产权战略》和《软件著作权保护条例》等行政法规。至此，中国的版权法律体系和版权保护制度建立起来了。

　　中国的执政党及国家领导人一直高度重视包括版权在内的知识产权保护。早在2006年5月，胡锦涛总书记在中共中央政治局集体学习"国际知识产权保护和我国知识产权保护的法律和制度建设"时指出："要按照履行承诺、适应国情、完善制度、积极保护的方针，适应我国经济社会发展的需要，适应国际知识产权保护的发展趋势，完善知识产权法律法规体系，从行政、司法等方面落实知识产权法律法规，为鼓励自主创新和维护权利人合法权益提供有力的法制保障。"2009年3月，温家宝总理在《求是》杂志发表了《关于深入贯彻落实科学发展观的若干重大问题》，在谈到加强知识产权保护时强调："作为开发和利用知识资源的基本制度，重视保护知识产权就是重视和鼓励创新。必须把知识产权战略作为国家发展的重要战略，积极营造良好的知识产权法治环境、市场环境、文化环境，大幅度提升知识产权创造、运用、保护和管理能力。"

看来，中国法律和政策体系不完整根本不是反盗版的瓶颈，中国绝不缺乏反盗版的政治意愿，将反盗版政治化于事无补。

版权是经济和法律问题

从经济角度看，中国反盗版的瓶颈在于，盗版的成本低、收益高、风险小；从法律角度看，中国反盗版的瓶颈在于执法不力，体现为地方保护或盗版既得利益集团干扰和阻挠执法，导致反盗版的成本高、收益低、风险大。

运用市场手段可以突破反盗版的经济瓶颈。市场手段的核心是降低正版价格，让正版成为性价比更好的商品。与其给盗版者让利，不如给消费者让利。

一般情况下，一个版权产品上市时价格比较高，随着销量的增加，规模越来越大，单位成本越来越低，产品价格也就越来越低。价格越低，规模就越大，产品市场就越成熟，这就进入了良性循环。然而由于盗版的存在，这一规律在中国并不适用。中国版权产品市场存在一个恶性循环：盗版普遍存在，任何一个正版产品都不可能卖出一个很大的数量，越是好的产品，盗版就越厉害；销量上不去，权利人只好以高价格保本；由于价格很高，销量自然上不去，盗版则在市场上泛滥成灾。

由恶性循环进入良性循环不容易，但还是有办法可寻。第一，权利人应转变观念，不要刻意在价格上将正版和盗版作明显的区分，放弃"正版没便宜，便宜没正版"的窠臼。一直以来，权利人将正版视为精品，将正版和盗版明显区分的结果就是让消费者觉得正版太贵而不愿意买。第二，想尽各种办法降低正版的包装、宣传、运输等成本，为降低正版价格腾出空间。只有降低正版的成本，将价格拉到接近盗版的水平甚至同一价格水平，让利于消费者或客户，正版才能最大限度地占领市场，权利人被盗版的概率才会大大降低。第三，提高正版首次发行的数量，既可以降低成本，又可以抢占市场先机。因此实施低价正版战略，可能更好地突破反盗版的经济瓶颈。

执法到位可以突破反盗版的法律瓶颈。既然版权保护的法律和政策是较为完善的，中央更不缺乏反盗版的政治意愿，我们就只有在执法上找问题了，但执法不力一直是反盗版难的症结。中央政府反盗版的意愿是坚决的，但是地方政府并不一定会竭尽全力，因为地方政府担心不折不扣的反盗版会影响地方经济发展（比如减少税收）。一些地方政府对盗版行为睁一只眼闭一只眼，甚至个别反盗版执法者与盗版利益集团有或明或暗的合作。

如何做好反盗版

要做好反盗版工作，笔者认为可从以下几点入手：

第一，增强反盗版的动力。在出版机构建立健全反盗版的考核责任制和激励机制，对出版机构领导和执法人员奖勤罚懒，奖优罚劣，将反盗版的业绩和执法人员的利益挂钩，消除盗版的保护伞。目前，中国的出版机构无一例外是国有的，出版机构中存在的官本位体制，导致出版机构领导不愿意得罪盗版利益集团。因为盗版的损失不用领导者承担，反盗版的收益领导者也得不到，领导者缺乏反盗版的动力。出版机构基本上不去主动打击盗版，这导致了盗版的猖獗，也造成了大型出版机构每年因盗版损失上亿元。对民营企业开放，将出版主体多元化，加强竞争，无疑也会增强反盗版的动力。

第二，既要清理销售盗版的街头小商小贩，更要从源头抓起，将反盗版的重点放在有组织的犯罪上面，打击盗版组织。

第三，由版权行业协会牵头，建立全国性的版权权利人反盗版基金，重奖盗版举报者和协助者，培养反盗版职业人士，形成群众性的反盗版日常活动。

第四，最高人民法院专门出台盗版赔偿的司法解释，缩小侵权赔偿的弹性。《著作权法》第四十八条第二款规定，权利人的实际损失或者侵权人的违法所得不能确定的，由人民法院根据侵权行为的情节，判决给予50万元以下的赔偿。《最高人民法院关于审理著作权民事纠纷案件适用法律若干问题的解释》既没有对赔偿计算方法作出明确的规定，也没有细化50万元以下赔偿的操作手法。49万元和1千元都在50万元以下，由于法律规定的侵权赔偿的弹性太大，司法实践中大多数权利人只能得到几千元的赔偿，远远抵不上诉讼成本，最终赢了官司输了钱。在著作权侵权赔偿纠纷案中，法官滥用自由裁量权的现象十分普遍。为使法官不受盗版利益集团的拉拢，加大司法领域反盗版的力度，最高人民法院有必要专门出台盗版赔偿的司法解释，缩小侵权赔偿的弹性，以便于法官在司法实践中操作。最高人民法院可借鉴北京市高级人民法院出台的《关于确定著作权侵权损害赔偿责任的指导意见》。该指导意见确立了版权保护的全面赔偿原则，这既是现代民法最基本的赔偿原则，也是中国民法通则和知识产权法确立的赔偿原则，还符合世贸组织TRIPS协议的有关要求。该指导意见还规定了权利人可以获得精神损害抚慰金，赔偿范围从最低2000元，到最高5万元。该指导意见的另一个亮点是，按照版权产品生产的最低成本确定侵权复制品数量：图书不低于3000册。音像制品不低于2万盘。

第五，简化版权的执法机制，确保版权权利人有充分的机会诉诸法律。如降低诉讼门槛，缩短审理时间，将侵权人承担举证责任落实到位，执行到位等。

总之，当盗版的成本高、收益低、风险大，而反盗版的成本低、收益高、风险小的时候，中国反盗版的瓶颈才算突破，反盗版也就不再是个难题。

第四章
中国人的民生需求

法治或能解开医改死结

在中国内地、香港和美国看过病的人都知道，医生在内地的平均开药量是香港和美国的3倍多。为什么在中国这样一个发展中国家，国民的人均医药量是世界平均甚至是发达国家或地区人均医药量的3倍多？只有"以药养医"才能解释这个异常的经济现象，"以药养医"是"看病贵、看病难"的症结所在。

没有人满意"看病贵、看病难"。要将多输的"看病贵、看病难"恶性循环，变成医改利益链条上多赢的良性循环，需要医改各方进行利益博弈，达成共识后再进行制度创新。

中国要实现健康为本的医改目标，必须将13亿将来也许是16亿中国人的防病和治病需求与供给，变成一个法治的大市场。

第一，将中西医并重上升为中国的基本国策。西医在诊断、防疫、手术和急救方面有优势，而让西医感到棘手的某些常见病、危重病和疑难病，采用中医方法治疗，多有良好的疗效。中西医并重是执政党和中央政府的医改政策，如果给其立法，它将上升为中国的基本国策。医改是个世界难题，如果让中医和西医竞争，落实中西医并重的基本国策，中国就比其他国家有更大的优势取得医改的成功。

第二，让中医和西医竞争的同时，鼓励中医外治法和内治法、预防医学与治疗医学展开竞争。中医治病之法非常广泛，但不外乎"内治"与"外治"两类，"内治"与"外治"的治病原理是一致的。中医外治法因不吃药、不打针、不动手术且疗效快、费用低、没有毒副作用，既可治病又可防病，对解决"看病贵、看病难"有十分重要的现实意义。

第三，政府医疗监管机构与医院脱钩。为了提高医改的效率，并体现医改的公平性，政府医疗监管机构不能既当裁判员，又当运动员，既当医改者，又当医改对象。政府医疗监管机构应该与医院脱钩，放手让医院之间充分竞争。

第四，打破公立医院垄断，对公立医院实行民营化改革。尽快提高民营医院的比例，大大降低公立医院的比例，破除公立医院垄断，让民营医院与公立医院公平竞争。据中央电视台报道，西安高新医院是一家民营的三级甲等医院，看同样的病，收费只有公立医院的一半或更少。在西安高新医院，医院和医生赚钱主要靠技术和服务而不是靠卖药，这基本上冲破了"以药养医"的桎梏。台湾医改方面的经验值得内地学习：现在民营医院占70%的台湾，比20年前公立医院占70%时的台湾，其医疗效率更高，民众、政府和医院更满意。据国家卫生部统计，我国民众在规模以上医院的诊疗活动当中，门诊量90%在公立医院，住院的91%在公立医院。中国公立医院民营化改革任重而道远。

第五，非法行医罪应当只针对西医和中药治疗，应明确立法中医外治法和养生方法不适用非法行医罪。吃药、打针、动手术不当对人体的伤害非常明显，甚至会致人死亡，因此，《中华人民共和国刑法》第三百三十六条第一款、《中华人民共和国执业医师法》

和《最高人民法院关于审理非法行医刑事案件具体应用法律若干问题的解释》规定了非法行医罪。不吃药、不打针、不动手术的中医外治法和养生方法，对人体没有明显的毒副作用，应当明确立法中医外治法和养生方法不适用非法行医罪，让中医外治法和养生方法回归传统，确保它们有合适的生存和发展土壤，使其靠口碑在竞争中繁荣，壮大中医外治产业和养生产业。

第六，在有条件的地方实行全民医保，消除医疗不公平。

点穴疗法是不是非法行医？

国人普遍认为，治病就是吃药、打针、动手术。在医疗体制改革之际，中医点穴疗法因其不吃药、不打针、不动手术就能治病而有助于解决看病难、看病贵问题，从而实现产业化。但是，中医点穴疗法一旦与非法行医相联系，就需要寻找其产业化的法律出路。

治病的常识究竟是什么

通过吃药、打针、动手术治病，好像已经成为当今中国人治病的常识，但这只是西医的常识，不是医学的常识。试想中国在引进西医之前，我们的祖先是怎么治病的？

　　明末清初，来华的传教士把基督教带到中国的同时，也带来了西方医药学。1835年，伯驾在广州创办近代中国第一所教会医院。如果把西医医院落户中国作为西医正式进入中国的标志，那么西医在中国只有100多年的历史，而有5000年历史的中国，绝大多数时间不靠西医治病，但自西医在中国普及之始，中医便面临着生死考验。

　　关于中医存废的争辩有100多年的历史，比长江三峡工程70年的争辩史还长。其间中国有两届政府提出过"消灭中医"：1914年北洋政府把中医开除出教育系统；1929年，南京政府通过"废止旧医案"。1980年3月，卫生部召开了中医、中西医结合工作会议，明确提出了中医、西医、中西医结合三支力量都要大力发展、长期并存的方针。

　　近年来，有关中医的存废之辩转入学术界。吕嘉戈出版了《挽救中医——中医遭遇的制度陷阱和资本阴谋》一书，指出中医是中华民族健康祛病之本，也是中国文化的瑰宝和脊梁。对中医实现"现代化、科学化、国际化"，是美国洛克菲勒财团在1927年策划的，旨在消灭中医进而以美国的西医垄断中国医药行业的一个资本阴谋，即打着"现代化"的旗号，行消灭中医之实。也有国人抛出"中医是最大的伪科学"。2006年4月，张功耀在《医学与哲学》杂志上发表文章《告别中医中药》。王澄声称《全世界的主流医学就是现代医学，只有中国有两个医学》。一些人发出《促使中医中药退出国家医疗体制签名的公告》，要求中医在5年内全面退出国家医疗体制，回归民间。2006年10月，卫生部新闻发言人明确表示，"这样的签名行为，是对历史的无知，也是对现实生活里中医药所发挥的重要作用的无知与抹杀，卫生部坚决反对这样的言论和做法。"

有关中医的存废之辩实际上是中医和西医治病优劣的争辩。西医在诊断、防疫、手术和急救方面有优势，而让西医感到棘手的某些常见病、危重病和疑难病，采用中医方法治疗，多有良好的疗效。中医是一种经验医学，但缺乏定量分析和实验，而西医是一种实验医学，但缺乏整体性和统一性。理论体系完全不同的中西医学，其实没有绝对的优劣高下之分，双方都各有其科学性和合理性，但又都不是尽善尽美的，都需要总结、改革和发展。

有关中医的存废之辩也是治病常识的争辩。治病的常识应当是以人类治病为目的，即不管中医还是西医，好的医疗手段都要以最低的医疗费用，达到最好的治疗效果，且将对人体的副作用控制在最小。

点穴疗法因符合治病的常识而呼唤产业化

点穴疗法源于中国的武术攻防之道，是以中医理论为指导，医生用手指点穴结合按压、掐、揉、叩打、拍打等手法，来治疗疾病的一种医疗方法。临床实践证明，点穴疗法可治疗内、妇、儿、外、五官科等各种病症。与所有的中医疗法一样，点穴疗法在预防疾病方面有显著成效。不吃药、不打针、不动手术就能治病和防病，在西医看来很神奇，但点穴疗法的原理很简单，就是激发和调动病人的自我痊愈能力达到治病目的。

广州中医药大学的林超雄与其师妹李桂萍，师承山东指医点穴医师贾立惠和湖北指针点穴医师姚旭堂（曾任张作霖的保镖），创立了"李林点穴疗法"。林超雄从事点穴临床、教学、科研工作三十余载，编写点穴专著《点穴疗法》、《指针疗法》等，参加国内外学术交流会议50多次，撰写学术论文40余篇，被国内外传媒报道70余次，弟子遍布50多个国家。"李林点穴疗法"在治疗各种痛症、瘫痪症、内妇儿科等奇难杂症方面，往往有奇效。点穴疗法还有一些不同的流派，但都具有简便、经济、疗效快等特点。

　　不吃药、不打针、不动手术的点穴疗法，听起来有些不可思议，是一种比较另类的独特疗法。知道点穴疗法的人不多，多数病人是在西医和中药无法治疗其病痛的时候，在已经花费了不菲治疗费用的情况下，打听到有一种点穴疗法，抱着试试看的心态，才接受了点穴疗法治疗。因此，点穴医师治疗的大多是西医和中药治不了的疑难杂症，即使这样，点穴疗法往往取得意想不到的神奇疗效。在开始点穴治疗的时候，点穴医师会要求病人将之前在别处看病所开的药或针停下来。病人如果不走弯路，一开始就用点穴疗法治疗，应该痛苦更少、费用更小、疗效更好，且没有副作用。由此看来，表面上另类的点穴疗法，实际上比其他治病方法更能达到最低的医疗费用、最好的治疗效果、对身体的副作用最小的人类治病目的，更符合治病的常识。

　　点穴疗法简便易学，只要对治病有兴趣的人都可以在短期内经培训学会，比上医学院简单得多。在看病难、看病贵的今天，可以说点穴疗法有普及的价值，有产业化的广阔前景。

　　点穴疗法产业化在国外已有成功的例子。智利人路易斯·佩特罗斯原来是"李林点穴疗法"治好的病人，后来成为点穴疗法的"铁杆粉丝"，创立了智利、阿根廷、葡萄牙、西班牙拉丁美洲中医学院并任院长，在西方国家用点穴疗法和其他中医疗法，给中产阶级人士治病，因为西方国家相信中医并且有条件接受中医治疗的基本上是中产阶级。

　　点穴疗法是个体户都能投资的产业，投资商应该纷至沓来，但事实上点穴疗法产业化目前是个冷门。这也意味着点穴疗法产业化，在我国是个待开发的蓝海。如果普及工作做得好，也许将来中国会出现很多点穴疗法社区医院和乡村医院，会产生控股点穴疗法中医院的上市公司，像已经上市的爱尔眼科一样。

点穴疗法产业化需寻找法律出路

　　1996年，世界卫生组织在《迎接21世纪的挑战》报告中指出："21世纪的医学，不应继续以疾病为主要研究对象，而应当以人类健康作为医学研究的主要方向。"以发展人的自我痊愈能力和自我健康能力为目的的点穴疗法，其产业化顺应着世界卫生组织指明的方向。

　　2009年4月21日，国务院颁布了《关于扶持和促进中医药事业发展的若干意见》，要求全面贯彻落实科学发展观，把满足人民群众对中医药服务的需求作为中医药工作的出发点。该意见积极促进非公立中医医疗机构发展，形成投资主体多元化、投资方式多样化的办医格局，鼓励有资质的中医专业技术人员特别是名老中医开办中医诊所或个体行医，允许符合条件的药品零售企业举办中医坐堂医诊所。该意见鼓励社会力量投资兴办中医预防保健服务机构。国务院要求完善相关财政补助政策，鼓励基层医疗卫生机构提供中医药适宜技术与服务；制定优惠政策，鼓励企事业单位、社会团体和个人捐资支持中医药事业；合理确定中医医疗服务收费项目和价格，充分体现服务成本和技术劳务价值。国务院《关于扶持和促进中医药事业发展的若干意见》是发展中医的福音，也有利于点穴疗法的产业化。

虽然国务院出台的行政法规鼓励点穴疗法产业化，但《中华人民共和国刑法》第三百三十六条第一款规定的非法行医罪、《中华人民共和国执业医师法》和《最高人民法院关于审理非法行医刑事案件具体应用法律若干问题的解释》，有可能成为点穴疗法产业化的拦路虎。

医学院毕业的人盯着主流医院，不愿意从事看起来有些另类的点穴疗法，有西医思维的人甚至不相信点穴疗法，因此，中国社会缺乏从事点穴疗法的人员。非医学院毕业的人，很难取得医生执业资格，如果从事点穴疗法，疑似非法行医。

非法行医罪本质上是针对未取得医生执业资格而损害就诊人身体健康的人。点穴疗法本来就不吃药、不打针、不动手术，没有副作用，对人体健康不会造成损害，即使未取得医生执业资格的人对病人实施点穴疗法，也不会构成非法行医罪，但由于我国地方执法人员的执法水平参差不齐，人们对此存有疑虑。

要解决这个问题，推动点穴疗法产业化，需要寻找法律出路，严格区别点穴疗法与非法行医的不同。卫生或中医药行政主管部门有必要出台专门的行政规章，或者与最高人民法院协商，出台相关的司法解释。地方若要保障点穴疗法产业化的发展，可进行地方性立法。这些规章、司法解释和地方性法规，虽然不能改变法律规定，但可以帮助司法机关和执法人员正确认定事实，正确适用法律，保障利国利民的点穴疗法产业化健康发展。

企业家参与高教改革于法有据吗

近年来，中国社会一直呼吁高等教育改革，要求高等校院培养创新人才。钱学森曾发出"中国为什么没有世界一流大学"的天问。立志成为国际知名的高水平研究型大学的南方科技大学（下称南科大），难免成为议论的热点，产生了高教改革、创新和法律是否冲突的话题。

高教改革创新和法律并不冲突

教育部发言人曾对"南科大教改，学生是否必须参加高考"的提问，做出了"任何改革首先要坚持依法办学，要遵循国家基本的教育制度，以制度来保障学生的合法权益"的回答。南科大校长朱清时表示"并不认同"。这样的提问与回应，被有些学者和新闻媒体解读为，南科大或整个中国的高教改革创新与法律是冲突的。

其实，高教改革、创新和法律相冲突是个伪命题，中国的高等教育法完全支持高教改革与创新。《高等教育法》第六条第二款规定："国家鼓励企业事业组织、社会团体及其他社会组织和公民等社会力量依法举办高等学校，参与和支持高等教育事业的改革和发展。"国家法律鼓励民间资本创办高校，允许民办高校参与高等教育竞争。

根据《高等教育法》第十六条规定，中国的高等学历教育实行标准制，专科教育、本科教育、硕士研究生教育和博士研究生教育都有相应的学业标准。《高等教育法》没有规定学历教育实行审批制，政府部门无权对学历进行审批。

再根据《高等教育法》第二十条规定，接受高等学历教育的学生，由所在高等学校根据其修业年限、学业成绩等，按照国家有关规定，发给相应的学历证书或学业证书。《中华人民共和国教育法》也有相同的规定：国家实行学业证书制度和学位制度，由学校自行颁发学历和学位证书。

至于大学本身能否得到国家的承认，法律规定既实行标准制，又实行审批制。《高等教育法》第二十五条规定，设立高等学校的具体标准由国务院制定。《高等教育法》第二十九条规定，设立高等学校由国务院教育行政部门审批，审批高等学校的设立，应当聘请由专家组成的评议机构评议。

法律早已对南科大教改学生是否必须参加高考、教改学生的学历能否得到承认，作出了规定。南科大教改学生是否必须参加高考，是南科大的办学自主权。只要国家承认南科大的合法存在，不管南科大学生是否参加了高考，南科大根据学历标准发放的学历和学位证书，就是合法有效的。

高等教育是企业家的事业蓝海

2003年9月1日起实施的《中华人民共和国民办教育促进法》，

把实行"科教兴国战略，促进民办教育事业的健康发展，维护民办学校和受教育者的合法权益"作为立法目的，规定"民办学校与公办学校具有同等的法律地位，国家保障民办学校的办学自主权"。在公办高校一统天下的情况下，促进和鼓励创办民办高校与公办高校同台竞争，是中国高等教育最深刻的改革和创新。

《民办教育促进法》第五十一条规定："民办学校在扣除办学成本、预留发展基金以及按照国家有关规定提取其他必需的费用后，出资人可以从办学结余中取得合理回报。取得合理回报的具体办法由国务院规定。"该规定非常重要，为民营经济创办大学提供了动力。

2005年，《国务院关于鼓励支持和引导个体私营等非公有制经济发展的若干意见》（被专家称为"非公36条"）规定，支持、引导和规范非公有资本投资教育、科研、卫生、文化、体育等社会事业的非营利性和营利性领域。"非公36条"带来了民营教育培训机构发展的热潮。

自从2006年新东方教育集团在纽交所上市，中国有十几个民营教育培训公司在海外上市。2007年，双威教育集团在纳斯达克上市，诺亚舟教育控股有限公司登陆纽交所，弘成教育集团在纳斯达克上市。2008年，中国智能化考试服务供应商ATA公司在纳斯达克上市，正保远程教育公司在纽交所上市。2010年，中国教育集团在纽交所上市，安博教育集团在纽交易上市，环球天下教育科技集团登陆纳斯达克，学而思国际教育集团在纽交所上市，学大教育集团在纽交所上市。巨人教育集团也于2012年3月赴美上市。

这说明中国的公办教育产业不能满足市场需求。表面上看来，民营教育培训机构在扮演拾遗补缺的角色，实际上是在为应试教育和公办教育的低效率纠偏。一方面，中国的民营教育培训市场非常火爆；另一方面，被公办高校几乎垄断的高等教育市场出现了怪异的现象：大学本科毕业生不如中专生和小学毕业生好找工作，即使找到工作，其工资待遇也与中专生在同一水平线上。

新东方董事长俞敏洪不满足于做中国最有钱的教师，他的梦想是在中国创办一流大学。"中国梦"不应该只在中央电视台"星光大道"的舞台上实现。如果政府不提供高教领域平等竞争的平台，"俞敏洪们"是无法在中国创办一流大学的，也就无法实现"中国梦"。政府有责任将国家法律关于高等教育改革和创新的规定落到实处，让中国人在高等教育领域内也能人尽其才，实现"中国梦"。

李嘉诚曾经为汕头大学捐赠了数以十亿计的办学经费，后来又创办了非常有竞争力的长江商学院。如果南科大能吸引"李嘉诚们"做同样的事，致力于改革和创新的南科大能将"李嘉诚们"的办学经费花得更有效率。

由于民办学校与公办学校具有同等的法律地位，南科大能够进行改革创新，民办大学也能。《民办教育促进法》为民间资本创办大学疏通了投资渠道。2010年5月实施的《国务院关于鼓励和引导民间投资健康发展的若干意见》，将积极推进教育领域改革、鼓励民间资本参与发展教育和社会培训事业，作为政府的责任。

有社会责任的企业家，会把创造的财富用于自己成就一番事业，其中有部分企业家会将高等教育作为自己的事业。那么，高等教育将会成为企业家的事业蓝海。

南科大与高教改革创新共命运

依托国际大都市香港，香港科技大学用十几年时间成了亚洲首屈一指的大学，其世界排名在北大、清华之前。斯坦福大学与美国硅谷相辅相成，大学与地方在改革创新上形成相互激励的良性循环。那么，中国的斯坦福大学在哪里？

南科大是地方公办大学。深圳市政府制定了《南方科技大学管理暂行办法》，该办法自2011年7月1日起施行。南科大首届理事会的20名成员中，一半是政府官员，且理事长由深圳市市长许勤出任，另一半是大学校长和知名企业家。这样的人员结构，是南科大改革创新的"人和"，能够保障南科大的发展有良好的开头。

高等教育改革和创新，是中国深入发展市场经济的需要，这是南科大改革和创新的"天时"。深圳是国家综合改革和创新的先行者，拥有中国最多的不靠垄断而具有国际竞争力的企业，这是南科大改革和创新的"地利"。拥有天时、地利与人和的南科大，其改革创新不成功都难。

如果南科大毕业生的就业率不比"985"高校低、工作能力不比"985"高校差、社会成就不比"985"高校小，南科大就具备了"985"高校国际知名的高水平研究型大学的水准和实力。如果南科大的水准和实力赶上了斯坦福大学，南科大就具备了世界一流大学的水准和实力。在高教改革与创新的历史车轮面前，任何一种权力、任何一个既得利益集团都无力螳臂挡车。

近几年来，北大、清华受到了香港几所大学的冲击，很快还会感受到台湾几所大学的竞争压力。中国的高等教育市场，未来会形成传统公办大学、南科大式的新型公办大学、民办大学、港台澳的大学同台竞争的格局。

中国已经进入高教改革创新的春天，即将迎来改革创新的盛夏，我们为什么不能对南科大的改革与创新拭目以待、乐观其成呢？

如何根治"小金库"

"小金库"是指违反法律法规及其他有关规定，应列入而未列入符合规定的单位账簿的各项资金（含有价证券）及其形成的资产。"小金库"问题是长期形成的一个顽疾，唯有依法治理，才能从根本上消除。

"小金库"问题由来已久

"小金库"有百害而无一利。"小金库"影响着政府职能的转变，使不少执法部门热衷于罚款、创收，而不是为民执法、服务群众。习惯养成后，一些政府部门异化为创收部门，成了阻碍改革开放的利益集团。"小金库"的存在，不仅导致会计信息失真，扰乱市场经济秩序，造成国家财政收入和国有资产的流失，削弱政府宏观调控能力，影响经济平稳较快发展，还会诱发一系列腐败问题，严重败坏党风政风和社会风气。"小金库"是妨碍经济健康发展、影响社会和谐稳定、危害党和国家各项事业发展的毒瘤，应当根除。

1989年之前的几年，不少机关、团体、企业和事业单位，违反国家财经制度，私设各种形式的"小金库"，屡禁不止。1989年11月14日，国务院发出《关于清理检查"小金库"的通知》，该通知主要清查1988年和1989年列入"小金库"的各项收支，以及历年滚存的"小金库"结余。

此后，财政部和国务院大检查办公室作出《贯彻落实国务院〈关于清理检查"小金库"的通知〉的具体规定》，规定了小金库当时的概念：凡侵占、截留国家和单位的收入，化大公为小公，化公为私，未列入本单位财会部门收支，私存私放的各项资金，均属小金库。该规定还界定了清查小金库的内容和范围：

（一）截留的各种生产经营收入。

（二）非法侵占国家和单位资财的收入。

（三）虚列支出、虚报冒领的收入。

（四）私自将投资、联营所得转移、存放外单位和境外的收入。

（五）隐匿"回扣"、佣金、好处费等收入。

（六）截留各种违价收入和外汇收入。

（七）截留应上交财政的各项罚没收入。

（八）截留其他各种收入。

1995年5月4日，国务院办公厅转发了《财政部、审计署、中国人民银行关于清理检查"小金库"意见的通知》，要求对1993年以来"小金库"各项资金的收支数额，以及1992年底"小金库"资金的滚存余额，进行重点清查。此后，财政部、审计署、中国人民银行发出《关于进一步抓好清理检查"小金库"工作几点意见的通知》，加强清查工作。

2001年8月8日，为了规范金融机构财务管理，杜绝海外"小金库"的产生，财政部发出《关于严禁金融机构在海外设立小金库的通知》。

2009年4月23日，中共中央纪委、监察部、财政部、审计署联合制订和颁布了《关于在党政机关和事业单位开展"小金库"专项治理工作的实施办法》。此前，中共中央办公厅、国务院办公厅印发了《关于深入开展"小金库"治理工作的意见》，决定在全国范围内深入开展"小金库"治理工作。2009年首先在全国党政机关和事业单位开展专项治理，然后再逐步扩展到社会团体、国有及国有控股企业。

2009年5月31日，中共中央纪委、财政部、监察部、审计署制定了《"小金库"治理工作举报奖励办法》，对举报"小金库"有功的单位和个人给予奖励，按照查出并已收缴入库的"小金库"资金、税款、罚款合计金额的3%～5%，给予举报人奖励，奖励资金最高额为人民币10万元。

据新华网2009年8月23日电，中央纪委印发了《设立"小金库"和使用"小金库"款项违纪行为适用〈中国共产党纪律处分条例〉若干问题的解释》，对设立"小金库"和使用"小金库"款项违纪行为的处理依据作了明确规定。

可见，在20个世纪80年代和90年代，中央政府就开始采取措施治理"小金库"，这说明"小金库"问题由来已久。在社会现实中，"小金库"在行政机关、事业单位、社会团体和国有企业中普遍存在，不设"小金库"的单位或部门反而是少数，甚至是例外，只是"小金库"有大有小而已。从2009年开始，执政党与中央政府联合行动，将治理"小金库"与党纪处分挂钩，并发动群众治理"小金库"，这足以说明治理"小金库"的必要性。

"小金库"滥觞于潜规则

"小金库"主要有七种来源：违规收费、罚款及摊派形成"小金库"；用资产处置、出租收入设立"小金库"；以会议费、劳务费、培训费和咨询费等名义套取资金建立"小金库"；经营收入未纳入规定账户核算形成"小金库"；虚列支出转出资金设立"小金库"；以假发票等非法票据骗取资金建立"小金库"；上下级单位之间相互转移资金设立"小金库"。"小金库"资产不是来源于单位滥用职权，就是来源于个别单位领导滥用职权，因此，"小金库"来源于滥用职权的潜规则。

单位请客、送礼、发奖金、发福利、讲排场、摆阔气，没有预算资金时，"小金库"可以解决这些问题。个别单位领导出入高档消费场所，过灯红酒绿的生活，给上级单位或领导送礼，用物质笼络群众，没有"小金库"无法出账。而行贿、贪污、挪用公款和私分国有资产，"小金库"比大账更便利。"小金库"存在于大账之外，具有隐蔽性，出了问题难以查证，这致使其收支自由，随意性很大。有"小金库"的单位领导认为，"小金库"能体现权力欲，又能自收自支、自行管理，相当于"私房钱"，对单位和自己是有利的，他们甚至会认为没本事的领导才不设"小金库"。可见，"小金库"产生于趋利避害的潜规则。

"小金库"既是普遍现象，又是长期存在的。有"小金库"的单位或部门有"两本账",甚至有"多本账"。有些单位有当年收入设立的"小金库",也有历年结余形成的"小金库"。自改革开放以来,"小金库"现象一直存在,中央也一直在治理,但问题没能得到根本解决,在一些地方还愈演愈烈,犹如割韭菜一样,割了老的一茬,又长出新的,甚至老的一茬还没有割净,又长出新的。不难看出,"小金库"泛滥于法不责众的潜规则。

处罚在"小金库"问题上违法违规的人,一些地方对党员用党纪,对官员用政纪,对其他人用法律处罚。一些单位个别党员和官员违法违规,由党组织和政府对其进行党纪和政纪处分。一些轻微违法违规者一般不会被移交到司法机关处理,只有严重违法违规者才会被移交司法机关处理,接受法律处罚。这样,官员和党员在"小金库"问题上违法违规的收益高、成本低、风险小,"小金库"问题自然而然愈演愈烈。我们可以得出结论,"小金库"问题久拖不决很大程度上缘于不公平处罚的潜规则。

法律治理"小金库"并不难

经济学上有一个著名的"劣币驱逐良币"定律:在铸币时代,当那些低于法定重量或者成色的铸币——"劣币"进入流通领域,人们就倾向于将那些足值货币——"良币"收藏起来。最终,良币被驱逐,市场上流通的就只剩下劣币了。由于"小金库"的潜规则大行其道,法律反倒成了不近情理的规则,治理"小金库"的法律被边缘化,出现了"小金库"问题上的"劣币驱逐良币"现象。

过往治理"小金库"的方法和措施,千篇一律是先自查、后被查,体现"自查从宽、被查从严"的政策原则,但靠其自查治理

"小金库"，无异于让猫不吃腥。

法行故法在。只要中央部门的规章、国务院的行政法规和国家法律能得到不折不扣的施行，"小金库"的潜规则便没有存在的市场。

走治理"小金库"的法律路线，我们可以采取更多行之有效的办法和措施。

第一，对领导干部进行"小金库"法律风险意识教育。"小金库"表面上是对单位或领导有利，实质上这是一个害人不浅的病态体制。按照"小金库"的潜规则行事，单位或个人可以得到一时和局部的小利，但常在河边走，哪能不湿鞋？"小金库"像一颗不定时炸弹，踩上的人没有赢家，失败是必然的。有法律风险意识的领导干部，决不会沦为"小金库"潜规则的牺牲品或替罪羊。

第二，严格执行《中华人民共和国预算法》和《中华人民共和国预算法实施条例》，在制度上预防"小金库"现象发生。要改变"小金库"游离于预算监督之外的现状，建立起人大对预算超收入的审批制，保障《预算法》和《预算法实施条例》得到实施。另外，应当尽快修订《预算法》，将没有纳入预算体系的预算外收入全部纳入预算体系，科学合理的编制预算，让财政收入和国有资产更好地改善民生，发展经济，最大限度地体现取之于民、用之于民的原则。

第三，加强现金管理，充分发挥金融机构在治理"小金库"中的作用。"小金库"久禁不绝，与金融机构有"小金库"有关，也与金融机构依法协助监督管理的观念淡薄相关。随着市场经济的发展，一些人认为《现金管理暂行条例》已经过时，因而放松了管理。一些金融机构为了在日趋激烈的竞争中拉客户、抢存款，尽量为单位提供方便，有章不循，违章不究，使一些单位大量使用现金，为开设"小金库"大开方便之门。只有严厉处罚违规支持"小金库"的金融机构，才能充分发挥金融机构在治理"小金库"中的作用。

第四，发动群众治理"小金库"，完善自下而上的监督。重赏之下必有勇夫。奖励举报"小金库"有功的单位和个人，按查出并已收缴入库的"小金库"资金、税款、罚款合计金额的4%进行奖励，高金额的按3%，低金额的按5%，奖励不封顶，这样才能充分调动广大人民群众参与治理"小金库"的积极性。

第五，政纪、党纪和法律处罚三管齐下治理"小金库"。将不公平处罚的潜规则颠倒过来，在处罚上实行公开、公平、公正的原则。处罚在"小金库"问题上违法违规的人，非官非党人员只用法律制裁，官员和党员除用法律制裁外，同时适用政纪和党纪处罚。

第六，司法机关审理"小金库"犯罪案件时要独立公正执法。涉及"小金库"犯罪的单位或个人，可能涉嫌行贿、受贿、单位行贿、单位受贿、贪污、挪用公款、私分国有资产等犯罪行为，这些大多是重罪，可能涉及有权有钱的单位，涉及位高权重的人，司法机关要严格按照罪刑法定和宽严相济的司法原则，独立行使司法权力，公正执法，既要防止涉案单位与司法机关私下交易，又要预防"小金库"案件成为个别人党同伐异的工具，还要防范个别领导让普通群众背黑锅，避免"小金库"案件政治化。任何借口都不能成为任何人凌驾于法律之上的理由，治理"小金库"问题也不例外。

综上所述，法律才是治理"小金库"的真正坦途，是"小金库"问题标本兼治的根本出路。

银行与储户：蚁象之争何时休

银行口头上把储户当作上帝，但当银行与储户发生借贷纠纷时，银行会唆使或逼迫储户起诉银行或诉诸媒体。储户与银行打官司，本来是平等主体的民事诉讼，却被司法机关、业内人士喻为蚂蚁与大象之争。

蚁象之争的乱象

《河南商报》报道，2012年9月中旬，郑州一王姓老板，接连收到394条短信，短信显示他账户总共多了1700多万元。倍感焦急的王老板来到广发银行农业路支行查询，得知1700多万元进账是真的。他向柜台人员说明情况，柜台人员让他拨打广发银行的客服热线反映。客服人员又告诉王老板，此事应该咨询开户的银行网点。王老板想向银行还钱被推来推去，引发了王老板对自己账户资金安全的担忧。

储户因账户资金异常与银行交涉甚至对垒的事件，屡见不鲜，有的是账户上多了钱被银行擅自划走，有的是银行强行向储户索要多付的钱。这些"10小时变百万富翁"的经历，让众多网友在感慨的同时，也对个人账户安全产生疑虑。

银行与储户之间最著名的纠纷，发生在2006年4月。由于ATM系统出错，打工者许霆从广州市商业银行"合法"地取走了非自己的存款17万多元，被司法机关定为盗窃罪，判处无期徒刑，剥夺政治权利终身，并处没收个人全部财产。此案宣判后引起很大争议，经法学界和社会各界声援，案件被发回重审，许霆被改判获刑5年并处罚金2万元，追缴非法所得173 826元。

账户风险导致的银行卡被盗刷的案例也屡见不鲜，被盗刷金额从几万元到几十万元不等，盗刷行为均发生在储户开户银行的异地和境外，中国最大的几家银行工、农、中、建、交行都发生过银行卡被盗刷的事件。银行卡被盗刷后，银行不给储户还钱，遂迫使或主动要求储户到法院起诉银行。诉讼以后，有的储户能赢，有的储户则以败诉收场。

银行与储户之间的借贷纠纷，主要有三类现象：一是银行多给储户计账或支付资金，银行向储户扣款或要钱；二是银行用储户账户上的资金违法放贷，贷款回收之前储户取款而银行拒绝支付；三是由于银行卡被盗刷或不明原因，储户存在银行的资金变少或变没，储户索赔而银行不赔。

银行违法损信用

在银行多给储户计账或支付资金，银行向储户扣款或要钱的过程中，银行单方面制定和执行对自己有利、对客户不利的规则，表现出高人一等的霸道行径。像"钱款当面点清，离柜概不负责"的规定，是典型的单方面霸王条款。

银行的霸道行径和霸王条款，违反了民法和合同法规定的平等互利和诚实信用的原则。这从表面上看是银行占了储户的便宜，实际上是损害了银行赖以生存的银行信用。从长远利益上看，银行这样做是不划算的。

这两年发生的中国银行江苏连云港连云支行将储户用于购买银行理财产品的200万元存款借贷给一家公司、中国银行辽宁盘锦兴隆大街支行将储户的9 999 999元存款转走等事件，都是在未经储户同意的情况下发生的。按照《最高人民法院关于审理存单纠纷案件的若干规定》第六条规定，这是以存单为表现形式的借贷，被定性为"违法借贷"。

为什么银行的贷款行为会成为"违法借贷"？一是这样的贷款行为绕开了贷款指标、存贷比例限制等监管手段；二是这样的贷款没有按照银行的贷款程序调查、审核贷款企业或个人，而是由银行的少数人甚至行长一人决定，风险却由银行承担；三是这样的贷款是账外贷款，在银行大账内查不到，不利于国家统计银行的真实贷款数额，信息失真对金融决策产生不利影响。

银行"违法借贷"原本似乎是一个多赢的买卖。银行用高回报吸引储户存款，再把储户的存款借给第三方用资人，在满足用资人资金需求的同时，取得用资人的高息回报。利息是账外收益，银行管理人员可以用其发额外奖金。

但是，一旦资金链条断裂，多赢买卖立即变成共输的买卖。银行得不到资金返还，账内资金不能弥补账外损失，银行就无法还上储户的存款。储户主张权利时，由于用资人没有将资金偿还给银行，银行大账上反映的是储户的资金已经取走，银行无法两次给储户还款，银行就无法平账。因此，银行在制度上无法给储户还款，这是银行让储户起诉银行的根本原因。

银行卡被盗刷后，银行拒赔的原因与违法借贷如出一辙，都是银行无法平账的制度造成的。

银行借了储户的钱不还，在违背"欠债还钱，天经地义"原则的同时，银行信用也受到很大损害。银行的业绩考核驱动和内控制度得不到落实，以及银行不顾现实的制度，经常将银行信用置于被牺牲的境地。

只有银行的董事长和总行行长重视银行信用是无济于事的。要真正重视银行信用，银行就要修改损害银行信用的制度，建立保护银行信用的制度及其专业部门，将树立银行信用作为业绩考核的内容，甚至可以对分支行行长提升职务实行损害银行信用一票否决制。

权利义务未平等

对于银行违法借贷和银行卡被盗刷的案件，银行的答辩理由往往是：银行没有责任，储户输入了密码或把密码告诉了别人，导致储户的资金到了第三人账户或手中；即使储户把密码保管好了，银行卡被盗刷是罪犯所致，损失不应该由银行赔付。

此类案件在审理时，银行往往让储户或唆使法院让储户证明没有把密码告诉别人。实际上，除了上帝之外，没有谁有能力证明不存在的事实。如果储户没有把密码告诉别人，储户是无法拿出证据的。从证据学的角度看，储户没有把密码告诉别人，只要否认就行了，没有证明的义务。如果银行不承认，认为储户将密

119

码告诉了别人，那么举证的责任应当由银行承担，以证明银行提出的主张。

此外，银行有渠道能从储户账户上取钱。在制度设计上，银行和银行工作人员不应该知道储户的密码，但不知道密码不等于取不到钱。银行至少有两个合法的渠道，能从储户账户中取钱。一是通过银行理财账户。银行从储户的理财账户上取钱，既不要储户的银行卡，又不要密码。二是"业务冲正"。银行都有一个"业务冲正"程序，冲正是对一笔正交易采取反交易，用于取消错误交易，但这也给银行留下了可以单向操作的漏洞。内部冲正不需要银行卡和密码，就可以从客户账户中取钱或转账。如果规范操作，需要履行银行内部审批程序，在支行行长职权范围内就可以批准。

这两个合法渠道容易被个别银行工作人员不当利用。另外，个别银行工作人员通过视频偷窥，也可以知晓储户的账户密码。

储户在银行开立账户，银行就与储户构成了受法律保护的储蓄合同关系。如果银行用储户账户上的资金违法放贷，银行有直接过错。向第三人收回贷款是银行的义务，不是储户的义务，银行违反了其保护储户存款安全的约定，应当向储户赔偿存款本金及利息。

如果银行卡被盗刷，证明银行的存取款系统有问题，银行有间接过错。由于银行同样违反了其保护储户存款安全的约定，银行有义务向储户赔偿存款本金及利息。

如果储户确实把密码告诉了别人，让别人取走了储户的资金或用于消费，又向银行索要存款资金，那么储户的行为就触犯了刑事法律，构成了诈骗罪。银行有权报案，让司法机关追究储户的诈骗犯罪刑事责任。

相反，如果储户没有把密码告诉别人，出现银行卡被盗刷时，储户应当向公安机关报案并联系银行，以撇清自己的责任。

第五章
把权力关进权利的笼子

雾霾刺痛中国模式

在网友对中国内地近百个城市"厚德载雾，自强不吸"的调侃声中，2013年全国环保工作会议如期召开，迫在眉睫的环境问题成为会议的主要议题。那么，人们对"环境保护"的急切呼唤，又能给近几年热议的"中国模式"，带来多大改变呢？

中国模式忽视环保

中国经济高速发展了30多年，其成就举世瞩目。2010年，中国的国内生产总值（GDP）首次超过日本，跃居世界第二。据国家统计局初步核算，2012年中国GDP为519 322亿元，按可比价格计算，比2011年增长7.8%。加之中国在2008年全球金融危机中与西方世界有截然不同的表现，中国经济发展的模式被国内外部分学者总结为"中国模式"。自2010年中国GDP超过日本后，中国模式的说法甚嚣尘上。

不承认中国模式的存在，无疑是不现实的。中国模式特指中国经济模式，是对中国发展道路的描述和总结，但中国模式并非放之四海而皆准。世界各国鲜有学习和模仿中国模式的，更不存在照搬中国模式的国家。实际上，中国模式是自己与自己的过去相比，在对极左老路和斜路修正的前提下，吸收部分世界文明成果又不照搬西方模式，而走出的改革开放新路。

中国模式以权力与市场的结合为特征，在权力手段方便的时候使用权力手段，在市场手段发挥作用的时候使用市场手段，是权力与市场的实用主义。"白猫黑猫，抓住老鼠就是好猫"讲的就是这个道理。

中国模式最大的威力，莫过于让地方政府之间进行发展经济的竞争。这难免导致地方政府企业化：地方的党委书记像企业的董事长，而政府首脑像是总经理，GDP是每个地方的销售收入，而财政收入和政府收费是每个地方的利润。

中国模式显示威力的结果，形成了中国独特的"GDP崇拜"。"GDP崇拜"的副产品，是在发展经济的同时，必然忽视环境保护。根本原因在于，环保在短期内是一个巨大的成本，而地方党政官员的任期有限，为了GDP政绩，他们出于自利选择，只能忽视或牺牲环保。

不难理解，在中国模式下，经济高速增长必然引发环境问题甚至环境危机。

2013年1月，由国内外环境领域专家组成的工作小组和来自亚洲开发银行的专业团队联合完成的《迈向环境可持续的未来——中华人民共和国国家环境分析》报告发布，报告列举的重要事实是，中国最大的500个城市中，只有不到1%达到了世界卫生组织推荐的空气质量标准；世界上污染最严重的10个城市之中，有7个在中国。

世界卫生组织（WHO）公布的首次全球空气污染调查报告显示，1100个城市空气质量排名，杭州位列第1002名，北京位列第

1035名。

淡水被污染的程度，一点不亚于空气污染。中国的河流有一半受到严重污染，不适于饮用。再加上固体废物污染，环境问题正在对人们的健康和生命产生巨大的影响。每年，空气污染在中国导致40万人过早死亡，7500万人哮喘发作。在河流污染比较严重的地区，癌症死亡率和孕妇流产率都在上升。

呼唤绿色中国模式

有人质疑空气污染与呼吸系统疾病之间的因果关系。北京大学人民医院一主任医师称引发咳嗽的原因很多，在没有证据之前不能称"北京咳"，并表示这个词是对北京的极度侮辱。

北京市卫生局曾公布过一个调查研究结果，2000—2009年，北京肺癌发病率增长了56.35%，癌症患者中有五分之一为肺癌患者。过去10年，肺癌已成北京市民的"头号杀手"。

英国《金融时报》曾报道，麻省理工学院、清华大学、北京大学和希伯来大学4所大学的教授在《美国国家科学院学报》发表研究报告称，严重的空气污染缩短了中国北方居民平均寿命5.5年，空气污染会致使更多人罹患肺癌、心脏病和中风。

2013年1月，包括北京在内的中国中东部地区的雾霾天气，与2011年12月中国中东部地区的雾霾天气有惊人的相似，只是2013年1月的雾霾是有记录以来最严重的。

用愤怒和谩骂对待空气污染于事无补，空气不会自动清洁。理性地调查研究空气污染与身体健康之间的关系，才是建设性地解决空气污染问题的开始。其实，"北京咳"是网友和公众对环境污染的控诉与不满。不只是北京大学人民医院的那位医师，每个中国人都希望不再有"北京咳"这个词。

西方工业化国家曾经走过"先污染，后治理"的发展斜路。1962年，美国生物学家蕾切尔·卡逊出版了《寂静的春天》一书，书中阐释了农药杀虫剂滴滴涕（DDT）对环境的污染和破坏作用。20世纪70年代，美国和欧洲曾面临与中国今天类似的空气污染危机，洛杉矶、伦敦等城市常常经历短期空气污染飙升。由于工业化导致的环境污染问题过于严重，西方社会逐渐掀起了环保运动。

由于《寂静的春天》的警示，美国政府开始对剧毒杀虫剂问题进行调查，并于1970年成立了环境保护局。1972年6月5日至16日，"第一届联合国人类环境会议"在瑞典斯德哥尔摩召开，提出了著名的《人类环境宣言》，环保正式引起世界各国的重视。

美国政府吸取教训后，针对国内各种污染源采取了严格、广泛而永久性的控制措施。1980—2010年，美国主要空气污染物排放减少过半，而同期美国GDP翻番。德国和英国与美国有类似的经历。

中国既然不照搬西方发展道路，就绝不要重复走"先污染，后治理"的斜路。十八大提出建设"美丽中国"的目标，现在到了创新中国模式，将中国模式"绿化"的时候。

从短期看，防治污染、保护环境需要支出成本，但是从长期来看，污染环境会导致更为高昂的成本。亚洲开发银行与清华大学发表研究报告称，中国空气污染每年造成的经济损失，基于疾病成本估算，相当于GDP的1.2%，基于消费者支付意愿估算则高达3.8%。以2012年中国GDP519 322亿元为计算基数，空气污染的疾病成本为6231亿元，空气污染的消费者支付意愿估算成本达19 734亿元。另外，每年中国水污染和固体废物污染造成的经济损失各达2万亿元。

中国正在承受着环境成本的不可承受之重。

从经济学上分析，环境成本就是环境降级成本，是指由于经济活动造成环境污染而使环境服务功能质量下降的代价。环境成本分为环境保护支出和环境退化成本两大部分。环境保护支出是为保护环境而实际支付的成本。环境退化成本指环境污染损失的价值和为保护环境应该支付的成本。环境成本相当于自然环境"固定资产折旧费"。

通俗地说，环境成本就是对健康和子孙后代福祉的提前消耗。以污染环境为代价的经济增长，对于每个人来说，都是"今天用命挣钱，明天用钱救命"，是以牺牲幸福为代价的赔本买卖。

环境成本导致传统的经济增长方式和目前的中国模式难以为继。经济增长方式的转变，首先应当将"GDP崇拜"变为"绿色GDP崇拜"，将考核党政官员的政绩指标由GDP变成绿色GDP，这样绿色中国模式便指日可待了。绿色中国模式既能解决防治污染和保护环境的问题，还能顺便解决浪费资源和产能过剩的问题。

建立绿色中国模式，要以法律作为后盾。环境保护是中国的基本国策，中国颁布实施了世界上最多的关于环境保护的法律：《中华人民共和国环境保护法》、《中华人民共和国固体废物污染环境防治法》、《中华人民共和国环境噪声污染防治法》、《中华人民共和国海洋环境保护法》、《中华人民共和国环境影响评价法》、《中华人民共和国大气污染防治法》、《中华人民共和国水污染防治法》、《中华人民共和国放射性污染防治法》等。为什么中国的环境保护法律不保护环境？主要原因是"GDP崇拜"之下权大于法，环保法律被束之高阁。

中国应当积极学习和吸收世界生态文明的成果，建立绿色的中国模式——崇拜绿色GDP。

将国有资产分成13亿股

民营企业或中小企业表现差，导致中国的宏观经济既有近忧又有远虑，这也再次把民进国退还是国进民退的争论推入了风口浪尖。

民进国退是政治正确

国企好、民企差的现象不符合经济规律。国企是典型的用别人的钱为别人办事，难免浪费严重，效率低下。而民企是用自己的钱为自己办事，自然成本低，效率高。民企的利润应当比国企高才对。

为什么国有企业的利润好得惊人，银行业的利润高得都不好意思公布，而民营企业都利润微薄甚至亏损，很多中小企业处于停工和半停工状态？这是近几年来国进民退的结果。国有企业占据的大多是垄断产业，垄断利润自然高于平均利润，如果经济资源再集中到国有企业身上，国企想不暴利都难。而民营企业失去了经济资源的支持，只能自生自灭。

民营企业经营惨淡，国有企业也无法一枝独秀。民营企业一旦难以生存和发展，就会给经济增长带来下行的风险，国民经济运行就随之表现出不稳定、不确定的特征。可见，民营经济是市场经济的定海神针。中国改革开放30多年的历史证明，民进国退还是国进民退，根本不是一个两难选择。

1978年，中国的企业几乎全部是公有制，其中，国有工业企业占80%，集体所有制工业企业占20%，国有工业企业资产总额占全部工业企业资产总额的92%。这个现状决定了中国改革开放的重点是国有企业，改革的出发点和归宿点，是打破高度集中的旧体制，建立企业充满生机和活力的新体制。

随着简政放权、减税让利、两权分离、减员增效、抓大放小、公司改制、优化布局等国企改革措施的实施，中国由计划经济体制，变成市场经济体制，中国也由一穷二白，变成经济总量排名世界第二的国家，取得了举世瞩目的伟大成就。

可以说，中国改革开放的过程，就是改革国企的过程，也是民进国退和民富国强的过程。改革开放30多年来，民营企业已经成为中国经济的中流砥柱。民营企业或中小企业占全国企业总量的99%，对GDP的贡献率达60%，对税收的贡献率达50%，创造了约80%的就业和约65%的新专利。

民进国退不仅符合历史潮流，也是中国发展市场经济与和平崛起的要求。在全球经济一体化的时代，一个普遍现象是：凡是民营经济发达的国家和地区，其经济整体上发达。在中国范围内，民营经济繁荣的地区，就是市场经济发达的地方。香港、广东、浙江等几个民营经济较发达的地方，其市场经济较为发达是不争的事实。

发达的市场经济国家，鲜有国有企业存在，民营企业占据着关系国民经济命脉和国家安全的行业。这些行业并没有被民营企业不当控制和利用，不存在国家经济安全问题。美国不存在国有企业垄断铁路、金融、电信、能源、国防工业等行业的现象，但美国的经济安全和国家安全并没有被其他国家掌握。事实证明，民营企业进入国有垄断行业会导致国民经济命脉和国家安全出问题，是少数人的杞人忧天，完全是个伪命题。

计划经济时代，全民贫穷，国家无法强大。市场经济时代，民企多，民营经济的比例越来越大，整个国家的财富才能最大化。民营经济兴，则中国兴。民营经济强大之时，就是中国民富国强之日，民营经济寄托着中国的未来。

改革开放的国家利益，应当是中国建成现代化强国，国民过上幸福生活。如何实现国家强盛、国民幸福？不是战争，不是内乱，而是进行民进国退的经济建设。民进国退是国家利益的体现，改革开放应当围绕民进国退的国家利益进行。这是从中国历史中得出的结论，也是世界市场经济发达国家和地区经验的总结。

有些人总是对民进国退顾虑重重，生怕自己犯政治错误。殊不知，民进国退的反面是国进民退，国进民退下去就会使中国回到计划经济和"一大二公"时代。国进民退就是否定改革开放，否认改革开放取得的伟大成就，这与党的路线、方针和政策是背道而驰的，全体国民绝不答应回到贫穷困苦的过去。

在中国改革开放30多年的历程中，民进国退是政治正确。由于中国的改革开放路线和市场经济体制不可逆转，民进国退永远是政治正确。

民进国退需写入宪法

《中华人民共和国企业国有资产法》第三条规定："国有资产属于国家所有即全民所有。国务院代表国家行使国有资产所有权。"国有资产是全民所有的资产，国有企业是全民所有制企业，全国人民代表大会当然有掌管国有资产及国有企业的权力。由于全国人大及其常委会授权国务院代表国家行使国有资产所有权，国务院便有了掌管国有资产及国有企业的权限。

因此，中国是走向民进国退，还是国进民退，是改革开放向何处去的问题，是党中央、全国人大和国务院等中央顶层的事，不是国有资产监管机构部门层面的事。被称为"吴市场"和"吴法治"的著名经济学家吴敬琏呼吁，改革的大是大非不仅需要"顶层设计"，更需要改革的"顶顶层设计"。他呼吁的"顶顶层设计"是有法律依据和有针对性的。

实际上，中国的国有资产实行部门条块管理。金融国企的资产和行政事业单位的资产，由财政部门掌管。国土资源部门掌管土地和矿产资源资产。除财政部门和国土资源部门掌管的国有资产外，其他企业的国有资产由国有资产部门掌管。

除行政机关的资产外，其他的国有资产都属于经营性资产。经营性资产大多是企业国有资产，很多事业单位正在改制为企业。

近几年，国有资产监管机构以国有资产保值增值为理由，不断进行国进民退，以扩大自己的权力和势力范围。国务院《企业国有资产监督管理暂行条例》第七条规定，国有资产监管机构不行使政府的社会公共管理职能。《企业国有资产法》第六条规定："国务院和地方人民政府应当按照政企分开、社会公共管理职能与国有资产出资人职能分开、不干预企业依法自主经营的原则，依法履行出资人职责。"根据企业国有资产法律和行政法规的规定，国有资产监管机构实行国进民退，是越权违法行为，也是权力对全民权利的侵权行为，犹如裁判亲自下场参加比赛。

国有资产监管机构怎么做才能不越权、不侵权？根据《企业国有资产法》和《企业国有资产监督管理暂行条例》的相关规定，国有资产监管机构的主要职权是：根据授权，依法履行出资人的职责，依法对企业国有资产进行监督管理。也就是说，国有资产监管机构经国务院和地方政府授权，做好国有企业的股东，完善国有企业法人治理结构，才是自己的法律轨道。

国有资产监管机构是行政机关，应当依法行政。国有资产监管机构不仅要遵守《企业国有资产法》，而且要遵守《中华人民共和国反垄断法》、《中华人民共和国预算法》和《中华人民共和国反不正当竞争法》等法律法规，还要监督国有企业遵守法律法规，自主约束国进民退的冲动，主动接受全国人大、国务院和全体国民的监督。

中国应当将坚持民进国退的正确方向，以宪法修正案的形式写入宪法，以免中国不时地遭受一些人在意识形态上和团体利益上要求国进民退的困扰。

随着改革开放的进程，自1988年始，中国分别于1988年、1993年、1999年、2004年通过了宪法修正案，将改革开放的重要成果和正确方向，以宪法的形式确定了下来。改革开放需要以民进国退的政治正确作指导，现在到了将民进国退写入宪法的时候。

民进国退写入宪法的必要性是什么？只有民进国退，中国才能产生平等的市场竞争主体，发展真正的市场经济，提高整体经济效率。"国"不退，"民"难进。国有企业既有行政权力又有包括资本在内的大量社会资源，国企如果不在市场经济中大举退出，民营企业便无法进入垄断行业，中国的市场经济就不能实现充分竞争，中国企业就难以获得国际竞争力。尽管国务院出台了新老"三十六条"，引导和鼓励民营经济进入垄断行业，但民营经济遇到了"玻璃门"和"弹簧门"，就是进入不了垄断行业。

明确是非以后，把事做对就水到渠成了。简洁、公正、便于操作的民进国退方案是：将中国所有的企业国有资产注册成中国人民股份有限公司，并将其分成13亿多股，全民每人分配一股。每个国民持有的国企股可以分红，也可以转让。尽管新加坡和香港的国企比例不高，但新加坡和香港都给全民分过红。

民进国退能解决经济发展的效率问题，如何实现民进国退涉及社会公平问题。遵照中国的宪法和法律，回归国有即全民所有，既能体现民进国退的公正、公平、公开原则，又能一劳永逸地解决国企改革问题和国企垄断问题。

该不该设立"金融国资委"？

2006年，财政部提议设立"金融国资委"。2012年以来，"金融国资委"的脚步声越来越近。在对设立"金融国资委"进行调研和论证阶段，权衡设立"金融国资委"的利弊得失，对金融改革具有重大的现实意义。

改革不需要设立机构

据报道，设立"金融国资委"的草案是仿照国资委拟定的，其规定"金融国资委"归国务院直属，除将财政部金融司归并其中外，中央汇金公司、"一行三会"等机构对金融企业的管理权限也将集中起来统一归并到"金融国资委"。

设立金融国资委的出发点和利益所在，是结束财政部、中央汇金公司、央行、银监会、证监会、保监会对金融资产的"多头管理"，将高达150万亿元的中国金融国有资产管理好。其逻辑是，做实业的国有企业资产只有100万亿元，由"产业国资委"管理，150万亿元的金融国有资产自然应该由"金融国资委"管理。

如果这样的逻辑成立，中国960万平方公里上的土地资源、矿产资源比金融国有资产价值更高，是不是应该设立"土地国资委"、"矿产国资委"？同理，行政国有资产是不是该通过设立"行政国资委"来管理？教育国有资产是不是该通过设立"教育国资委"来管理？卫生国有资产是不是该通过设立"卫生国资委"来管理？体育国有资产是不是该通过设立"体育国资委"来管理？文化国有资产是不是该通过设立"文化国资委"来管理？

还真有人顺着这样的逻辑提出改革方案。中国政法大学的李曙光教授，为国资国企改革开出的"法治药方"是成立四大国资委，即已有的企业国资委、金融国资委、资源国资委、行政事业及文化遗产国资委。

如果设立了"金融国资委"，中国事实上将会有2个财政部，且"金融国资委"将比财政部掌管更多的国有资产；中国将有"金融国资委"、央行、银监会、证监会、保监会共5个金融监管机构。这将是全世界最庞大的金融监管阵容，但最庞大的金融监管阵容就等于最强大的金融监管能力吗？答案是否定的。此前的"一行三会"已经是全世界最庞大的金融监管阵容，但连"一行三会"自己都不敢说，它们是世界最强大的金融监管机构。主体多了，法律又执行不力，中国往往会出现龙多不治水、群龙打架的现象。

中国实行金融分业经营，分业监管。现有的中央银行、银监会、证监会、保监会各自对货币政策、银行类金融机构、证券类金融机构、保险类金融机构实行监管，分工明确，各司其职。"金融国资委"设立起来监管什么？如果由"金融国资委"监管财政部和"一行三会"，"金融国资委"就行使了国务院的部分职权。看来，设立"金融国资委"，会造成政府机构管理权限混乱，首先对政府非常不利。

设立"金融国资委"，无疑是一个很大的金融改革措施，但改革不需要设立专门的机构。如果设立专门的机构就能解决改革问题，中国可以设立"分配委"，解决收入分配和贫富分化问题；可以设立"强国委"，让中国变成最强大的国家；可以设立"幸福委"，让中国人民最幸福。设立专门机构解决金融改革问题，属于新时期的乌托邦。

中国应防止某些个人或团体以改革之名，行扩大权力之实，最终与改革的目标背道而驰。

金融改革须尊重规则

国务院批准设立温州市金融综合改革试验区后，中国人民银行和浙江省政府联合在丽水市开展农村金融改革试点。时任证监会主席助理朱从玖空降浙江任分管金融的副省长，主抓金融改革。这些事实表明，浙江省已成为金融改革试点省，取得成功后，再将经验推广向全国。

浙江进行金融改革试点，旨在解决金融与实体经济脱节的问题，将现有的金融体系变革为与民营经济配套的新的金融体系。浙江民营经济以往的成功经验，是政府管得少，让民营企业和民间社会在不违反法律的前提下自由发挥，充分挖掘民间智慧，调动民间社会发家致富的积极性。浙江省的做法，与发挥市场"看不见的手"调节作用的普世价值观是一致的。金融业是由金融企业组成的，要形成与民营经济配套的金融体系，金融改革的方向仍然是金融企业充当主角，政府提供公共服务和有效监管。设立"金融国资委"，显然与这样的金融改革方向南辕北辙。

金融企业的改革和创新，与金融监管并不矛盾，反而是辩证统一的。金融改革的过程，应当是摒弃不合理的金融规则，创新更加合理的市场化金融规则的过程。金融监管就是适用和执行生效的金融规则的过程。

如果把设立"金融国资委"当作金融改革的举措，这样的举措必须尊重规则。在任何一个国家里，成熟和生效的最高规则，都是宪法和法律。

根据《中华人民共和国宪法》第八十九条规定，国务院没有批准各部和各委员会建置的职权。按照《宪法》第六十二条规定，全国人民代表大会有批准省、自治区和直辖市建置的职权。在中国，部委与省、自治区和直辖市平级，根据宪法精神，加之设立部委要增加财政支出、人力物力，"金融国资委"与全体国民的利益息息相关，设立"金融国资委"在程序上要经全国人大开会批准，经中国人民同意。

《中华人民共和国企业国有资产法》第六条规定："国务院和地方人民政府应当按照政企分开、社会公共管理职能与国有资产出资人职能分开、不干预企业依法自主经营的原则，依法履行出资人职责。"国务院《企业国有资产监督管理暂行条例》第七条规定，国有资产监管机构不行使政府的社会公共管理职能。根据法律和行政法规的规定，国资委主要行使国有资产出资人职责，不行使政府的社会公共管理职能。比照国资委设立的"金融国资委"，若不违反法律规定，也应当行使国有资产出资人职责。

在中央汇金公司能够很好行使金融国有资产出资人职责的前提下，完全没有必要再设立"金融国资委"，因为设立"金融国资委"增加的全部是国家成本，不会给全国人民带来任何收益。打着金融改革的旗号设立"金融国资委"，实质上是金融改革的倒退。

中国政府体制改革的方向是政企分开和简政减员，而不是政企不分、扩充机构和增加冗员。履行国有资产出资人职责，说白了就是充当国企股东。在发展市场经济的过程中，在企业法人治理结构需要完善的情况下，由国务院直属正部级特设机构"金融国资委"充当金融企业的股东合适，还是由中央汇金公司充当金融企业的股东合适？这是不言自明的。

纵观国资委成立以来在改革开放和发展市场经济中保护垄断、限制竞争的表现，再权衡设立"金融国资委"的弊端和收益，按照中国改革的方向，应当将国资委变成"中央汇银公司"，而不应当将中央汇金公司变成"金融国资委"。

权力压制权利几时休

2012年8月，《法制日报》主办的《法人》杂志报道了一个事件，海南三亚江林村农民世代耕种的1000亩土地（即"七姊妹坡"），在未经村民和村集体同意，且村民没有得到任何补偿的情况下，几经国企和政府操作，变成了商业价值30多亿元的国有建设用地。

这是在GDP崇拜和土地财政的恶性循环圈里，权力压制权利的一个典型事件。

非法组织的权力无效

1975年，三亚林场当时向江林村借地1000亩左右，借地年限为10年。1985年借地到期后，江林村村民不断向林场索回土地，但三亚林场非但没有归还，反而经政府土地行政部门操作，于1990年办理了山林地证和土地使用证，并于1998年把地分成5块，"作价参股"给了自己的两家下属公司。后来，村民向法院起诉索回土地，但三亚市中级法院和海南省高级法院都驳回了村民的诉讼请求。

在此事件中，一份所谓1975年签订的"协议说明书"，成了关键。在这份"协议说明书"中，七姊妹坡这一千多亩土地被"划归"了三亚林场。

然而，该"协议说明书"有三处蹊跷的地方：一是没有协议正文，只有"协议说明书"；二是"协议说明书"上盖着林旺公社（即现在的海棠湾镇）"革命委员会"和下丈大队（即现在的江林村）"革命委员会"的公章；三是1975年时任三亚林场场长的潘井称，"协议说明书"中他的签名是假冒的。

且不说"协议说明书"是否是伪造的，退一万步讲，即使"协议说明书"是真实的，行政机关和司法机关也应当认定"协议说明书"无效。

"协议说明书"无效的理由是什么？众所周知，林旺公社"革命委员会"和下丈大队"革命委员会"，是"文革"时期的组织。"文革"以阶级斗争为纲，改革开放后以经济建设为中心。"文革"时的组织"革命委员会"，在经济建设为中心的时代已成为非法组织，否则，党中央就不会拨乱反正，"革命委员会"会一直存在至今。非法组织的权力无效，盖有"革命委员会"公章的"协议说明书"当然也是无效的。

另外，"协议说明书"本身不是合同，只有协议才是合同。事实上没有合同，只根据对合同的说明作出一个法律行为，是无中生有的做法。皮之不存，毛将焉附？无中生有的法律行为，应当是违法和无效的。

在没有协议或合同的情况下，三亚市土地行政部门根据无效"协议说明书"作出的具体行政行为，没有事实和法律根据。因此，江林村的1000亩土地归三亚林场所有不能成立，林业行政部门和土地行政部门发放的山林地证和《国有土地使用权证》相应无效。

司法机关根据无效的"协议说明书"、山林地证和《国有土地使用权证》作出的判决，事实不清，证据不足，适用法律错误，是错误的判决。江林村有权在最高人民法院审监庭申请再审，纠正三亚市中级法院和海南省高级法院两审法院的错误判决。

划拨集体土地违法

无论是1958年1月6日实施的《国家建设征用土地办法》，或是1982年5月4日实施的《国家建设征用土地条例》，还是1987年1月1日实施的《中华人民共和国土地管理法》，中国的土地法律法规都规定，中国只有国有土地和集体土地两种土地存在形式。而江林村这1000亩土地在江林村集体土地的环绕和包围之中，属于江林村是不证自明的。

要将集体土地变成国有土地，必须本着节约土地的原则，出于公共利益的需要，经过合法征收程序征收，且要对集体土地的所有者进行安置和补偿。而江林村这1000亩集体土地变成国有建设用地，既没有合法程序，也没有对所有者进行安置和补偿，完全是一本糊涂账。如果三亚市土地行政部门不能证明江林村的1000亩土地是合法变成国有土地的，该1000亩土地仍然属于江林村集体所有。

另外，将江林村的1000亩集体土地划拨为国有建设用地，是违法行为。首先，土地划拨的对象必须是国有土地，划拨集体土地违反《土地管理法》和《中华人民共和国农村土地承包法》的相关规定；其次，国有土地划拨必须用于公共利益，商业开发用地不属于划拨土地的范围。

从征收土地的批准权限上来说，如果江林村的1000亩集体土地是林地，其征收需要省级政府审批；如果这1000亩地是耕地，则需要国务院批准。三亚市土地行政部门显然没有审批这1000亩地的权力。

将江林村的1000亩集体土地划拨给林场所属的以盈利为目的公司，土地行政部门要拿出充分的事实和法律依据来。行政诉讼实行举证责任倒置。三亚市土地行政部门如果证明不了自己的批地行为证据确凿并符合法律规定，就要承担败诉的后果。

尊重权利方能科学发展

根据《中华人民共和国村民委员会组织法》第二十四条规定，将1000亩集体土地作出处理，必须经村民会议讨论决定方可办理。没有经江林村村民行使权利，这1000亩集体土地完全不应该被江林村集体之外的任何主体占有、使用、收益和处分。

当地土地行政部门和司法机关以非法组织的权力为依据，将划拨集体土地的违法行为合法化，损害了政府和司法机关的权威，侵害了江林村村民的合法权利，激化了官民矛盾。

农民是中国社会最贫穷和最弱势的群体。如果不顾农民的死活，剥夺他们赖以生存的土地，就会扩大贫富分化，践踏法律尊严，威胁社会稳定，这与党中央和国务院的科学发展观背道而驰。

只有权力面对现实，采取实事求是的态度，尊重农民的合法土地权利，停止权力压制权利的愚蠢做法，放弃与民争利，将江林村的1000亩集体土地完璧归赵，才能化解官民矛盾，实现社会稳定与和谐，迎来当地和谐发展的机会。

当江林村农民的权利能够监督权力时，权力压制权利就成了过去时。唯有如此，才是江林村广大农民之幸，更是中国走向市场经济和法治之幸。

与民争利是市场经济大敌

2012年4月，丽水市政府经济和信息化委员会及下属国企绿谷信息实业有限公司发布搬迁公告，驱赶天宁工业区微电机园的30多家民营企业。这是"蛇吞象"的闹剧，是政府部门及其国有企业与民争利的典型案例，也是当下中国经济现状的缩影。

依法为民着想是出路

20世纪90年代末，丽水地方政府出资建立了微电机园区，该园区属国企南城建设有限公司所有。园区建立的目的是，引进和扶持小微企业，为小微企业提供标准化厂房和优质服务。多年来，经政府多个部门招商引资，30多家小微民营企业先后进入了微电机园。南城公司在向小微企业收取每平方米5～9元优惠月租的同时，郑重承诺不会把入园企业赶走。

　　2011年，由丽水市政府经济和信息化委员会注资成立的绿谷信息有限公司，经合法程序接管了微电机园区。根据《中华人民共和国公司法》的相关规定，绿谷信息公司在承接南城公司权利时，也应当承接南城公司的义务，给入园企业续租厂房并按原来的优惠价格收取租金。但是，丽水市经信委于2011年10月9日和2012年4月24日先后两次发出公告，因租赁到期，限令微电机园区内所有企业租户必须搬离，同时月租金调整为每平方米15～18元。绿谷信息公司声称，驱赶原有企业是园区产业转型的需要。

　　如果政府真的要实现产业转型，最好的做法是开辟和打造一个新型的产业园区，提供配套条件和服务，吸引新型企业进入新型园区。

　　如果政府一定要在微电机园区完成产业转型，可供政府选择的第二个做法是，政府新建一个与微电机园区条件相当的园区，由政府承担成本，帮助原来在微电机园区的企业搬迁到新的园区，再让新型企业进入微电机园区。

　　与把原来的入园企业赶出去的粗暴做法相比，以上两个做法能体现政府为小微企业和民营企业着想的初衷，是合法而又减少矛盾的解决问题之道。

　　而政府如今的做法：贴个公告，再换个国企进行操作，把微电机园区原来的入园企业赶走，向新入园企业收取涨一倍的租金，自己每年坐收600万元的租金差价款，从本质上讲，这就是打着产业转型的旗号，与民争利。

　　政府及其控制的国企与民争利，就像裁判员亲自下场比赛。裁判员兼运动员肯定能得第一，但比赛规则不公平，以后的比赛就无法进行下去了。与民争利的市场经济，破坏了平等、自由的竞争规则，也就破坏了市场经济本身。

林毅夫的预测是对的

丽水市政府部门及绿谷公司执意赶走原有入园企业，赤裸裸地寻租，不仅损害了丽水市的投资环境和经济秩序，而且为官民矛盾火上浇油，无端制造社会不和谐与不稳定因素。

一个地方的投资环境不好、社会不稳定，除无法吸引新的投资外，还会将原有的投资企业吓跑，这势必引发当地经济衰退。当地经济衰退后，政府有可能为保障财政收入，加大收取税费的力度，进一步挤压民营企业和小微企业的生存空间，这样下去，投资环境和经济秩序会继续恶化，从而形成投资环境与经济衰退的恶性循环。

丽水市政府部门及国企的做法，不是民营经济第一大省浙江省的传统做法，却是中国经济现状下的典型做法。众多经济学家正是担忧中国走不出投资环境和经济衰退的恶性循环，难以回到经济发展的良性循环中来，而对中国经济前景看淡。

与大多数经济学家相反，世界银行前高级副行长、世行首席经济学家、北京大学教授林毅夫对中国经济做出了非常乐观的预测。林毅夫认为，中国内地有能力维持20年8%的经济增长率；到2030年，内地的人均收入可以达到美国的50%。

经济学家做预测或判断，是有假定或前提条件的。林毅夫预测的前提条件是，中国政府能够解决收入分配不公平、金融结构不合理、腐败等问题，中国经济能够享有进一步改革开放的制度红利。

国务院发展研究中心和世界银行曾经联合编著发布了《2030年的中国：建设现代、和谐、有创造力的高收入社会》（下称《2030年的中国》），报告提出，中国须进行深层次改革，转变发展与增长模式，完成向市场经济转型。作为世界银行高级副行长、世行成立以来首位中国籍的首席经济学家，林毅夫不可能不参与和影响该报告的编著。

尽管大多数经济学家猛烈抨击林毅夫，但林毅夫的看法与大多数经济学家其实没有本质的区别。只是，大多数经济学家假定中国维持现状，不向真正的市场经济转型，因而中国经济前景堪虞，而林毅夫假定中国能够实现《2030年的中国》对中国未来发展的预期，因而中国经济前景光明。

如果中国能够在十八大后，朝限制权力、自由市场、依法治国、民主政治的目标迈进，让国人共享制度红利，13亿人民的勤劳和创造潜力将会被再次激发出来，中国经济将进入科学发展和市场经济的良性循环，曾经典型的与民争利将会成为特例。

把农民变成中产阶级

稳增长、调结构、管通胀是中国经济的平衡三角，而稳增长和管通胀是互相冲突的。政府多发货币，加大投资，就能实现增长，但这样会进一步吹大房地产泡沫，引发通货膨胀。抑制通货膨胀，经济增长速度就会进一步放慢。调结构是中国经济三角的核心，只有从调结构上突破，才能兼顾增长和通胀。

将农民变为中产阶级

过去，中国经济主要靠出口和投资拉动，但是现阶段，出口和投资这两驾马车很难为经济增长继续加码了。

改革开放30多年，中国经济由短缺变成了产能过剩。此前，中国的过剩产能主要由美国和欧洲消化。但是美国发生金融危机、欧洲发生债务危机之后，欧美的需求锐减，中国企业出口困难重重，加之欧美加强了对中国企业的反倾销、反补贴，中国的过剩产能要在国外消化，已非易事。

增加投资可以促进经济增长，但中国靠增加投资获得经济增长的模式难以为继。2003年以来，随着对房地产投资的不断加速，中国形成了巨大的房地产泡沫。目前，中国的房地产价格与美国、日本接近，但美国和日本的人均收入是中国的10倍，因此，相对于收入，中国的房价是美国和日本的10倍。

中央银行公布的《2012年第2季度储户问卷调查报告》显示，68.5%的居民认为目前房价"高得难以接受"，只有2.1%的居民认为"令人满意"。畸高的房地产价格，是中国提高城镇化率的阻碍，也是经济成本高企不下的源头。

2009年以来政府主导投资的4万亿元，由于投资效率低下，形成了巨大的债务黑洞。根据国家审计署数据，截至2010年年底，全国地方政府性债务余额为10.7万亿元，其中政府负有偿还责任的债务为67 109.51亿元，占62.62%；政府负有担保责任的或有债务为23 369.74亿元，占21.80%；政府可能承担一定救助责任的其他相关债务为16 695.66亿元，占15.58%。到2013年年底，地方政府债务达20万亿元，已难以再靠借债扩大投资。

在出口和投资不能为经济增长继续加码的情况下，把目光聚集在消费上是明智的。

在理论上，中国有13亿人口，GDP占世界第二，中国应是世界上最大的消费市场。实际上，中国仍有众多的较为贫困的农民，消费市场并不像想象的那样大，中国有购买力的消费需求既没有美国大，也没有欧洲大。

消费水平依赖于收入水平。据国家统计局的数据，2011年中国城镇居民人均年收入23 979元，城镇居民人均可支配收入21 810元，农村居民年人均纯收入6977元，全年城乡居民收入比为3.13∶1。

中国城乡居民的收入增长速度，长期以来大大落后于GDP增速。亚洲开发银行在《2012年亚洲发展展望》报告中称，中国城乡收入差距非常大，城镇居民家庭人均收入几乎是农村居民家庭人均收入的3.5倍。

最新研究报告显示，2012年上半年，衡量贫富分化程度的中国内地基尼系数持续上升，达到0.613，已经突破联合国有关组织规定的危机临界点。

那么，如何将理论上最大的消费市场，变成实际上最大的消费市场呢？在发达的市场经济国家，农民都是中产阶级。如果中国把六七亿农民变成中产阶级，哪怕把一半农民变成中产阶级，中国就会成为名副其实的世界最大消费市场。

将普遍贫穷的农民变为中产阶级，好像是天方夜谭，其实有个简单的方法能实现这个目标——将土地所有权还给农民。

农民天然拥有分配权

1947年9月13日，中国共产党通过了《中国土地法大纲》，该大纲于同年10月10日公布施行。《中国土地法大纲》第一条规定："废除封建性及半封建性剥削的土地制度，实行耕者有其田的土地制度。"

《中国土地法大纲》要求，以乡或村为单位统一分配土地，数量上抽多补少，质量上抽肥补瘦，所有权归农户所有。分配土地时，该大纲允许中农保有高于贫农的土地量，并分给地主同样的一份土地。

《中国土地法大纲》第十一条规定，分配给人民的土地，由政府发给土地所有证，并承认其自由经营、买卖及在特定条件下出租的权利。

现行的《中华人民共和国土地管理法》，与《中国土地法大纲》是一脉相承的。《土地管理法》规定，农村土地实行劳动群众集体所有制。农村和城市郊区的土地、宅基地、自留地、自留山，属于农民集体所有。集体所有就是组成集体的每个人所有或每家农户所有。

现行《土地管理法》的缺憾是，它既规定农民集体拥有土地，又规定农民只能使用土地，在自相矛盾的同时，回避了农民个人拥有土地所有权的问题。

中国的农民名义上是在承包土地，但承包土地具有占有、使用、收益和处分的权利。根据《中华人民共和国物权法》规定，具有占有、使用、收益和处分的权利，就具备了所有权的属性。

目前第四轮《土地管理法》修改正在进行。新的《土地管理法》应当将集体地实至名归，让每个农民拥有土地所有权。

"土地管理法修正案（草案）"拟将土地征收补偿标准提高10倍。10倍的补偿标准不知是怎么得来的，拍脑袋决策是典型的计划经济思维。政府或设计者不是"神算子"，市场才是真正的"神算子"。

《土地管理法》要解决的不该是土地征收补偿标准或土地价格问题，而是国有土地与集体土地拥有平等地权的问题，是城乡公平问题，是巨大的城乡贫富鸿沟的问题。只要实现了地权平等和城乡公平，在土地价格问题上，市场将比政府处理得更好。

在发达的市场经济国家，土地就是资本，农民都是老板。只有中国的农民，向集体承包土地，为集体打工。

集体是什么？集体既是一个个农民自己，也是一个虚无的所有者缺位的概念。所有者缺位，集体所有就表现为权力所有。集体被权力主导，农民的权利就被压制了，这事实上剥夺了农民的土地所有权。

中国农民为什么贫穷？是因为没有分配权。没有所有权就没有分配权。农民拥有土地所有权之后，就能参与分配，提高收入，把自己变成中产阶级，消除贫穷。在城郊地区和经济发达地区，农民拥有土地所有权后，很快就会成为中产阶级。

目前，腐败现象严重且难以消除，这是由于权力得不到有效地制约和监督。将土地所有权还给农民以后，农民就可以用权利制约权力，强制征地和野蛮拆迁就会成为特例，而不是普遍现象。

强制征地和野蛮拆迁被制度性消除后，中国社会的上访量和群体性事件就会急剧下降。如果中国可以省下年预算高达7000多亿元"维稳费"的一半，将3000多亿元投入到经济转型中，中国的经济转型会更顺畅，社会更和谐，民生更幸福。

第六章
财富崇拜与法律红线

致富的经济与法律逻辑

一夜暴富炼不成企业家

按照复利的功效，坚持勤劳致富和投资理财，人人都可以成为富翁，但这需要时间。人们在致富上很心急，尤其在一个浮躁的社会，人们希望自己的财富快速增长，甚至一夜暴富。

谁都想一夜暴富，但谁能够一夜暴富？

合法的一夜暴富是小概率事件，跟天上掉馅饼差不多。有人说，企业家最有可能一夜暴富，事实和真相果真如此吗？

娃哈哈老板宗庆后65岁时，以70亿美元的财富，在2010年《福布斯》全球亿万富豪排行榜上名列中国内地第一。2010胡润百富榜将"饮料大王"的财富评估为800亿元人民币。不管哪个排行榜更准确，反正宗庆后是靠一瓶一瓶卖饮料成为中国首富的，不是一夜暴富起来的。即使是胡润百富榜2011年新首富梁稳根，拥有700亿元财富，也是从砸掉铁饭碗白手起家开始，经艰苦创业，屡败屡战，最终凭实现三一重工"铸造中国的世界名牌"的梦想而成就的，同样不是一夜暴富。

1928年出生的李嘉诚，堪称"永远的华人首富"。他从学徒做起，每天总是第一个到达公司，最后一个离开公司，经历了很多挫折和磨难之后，用低调、诚信缔造了自己的财富王国，他显然不属于一夜暴富型。

尽管集技术天才、创新天才与商业天才于一身，比尔·盖茨的微软帝国也是埋头苦干创造出来的，同时也是吃汉堡包、穿牛仔裤、坐经济舱省出来的。连续13年蝉联世界首富的比尔·盖茨，也不是一夜暴富的。

中国富翁的平均年龄确实比较年轻。2007年，中国400位富豪的平均年龄为46岁，而美国400位富豪的平均年龄为64岁。到2011年，中国前1000位上榜富豪平均财富59亿元，平均年龄为51岁。

中国富翁的平均年龄小，并不能说明一夜暴富是成立的。在计划经济年代，人们连肚子都吃不饱，更谈不上诞生中国富翁。改革开放以后，中国经济发展催生了一批又一批富翁。富豪榜上的人创造财富的时间有30多年，有20多年，最短的也有10来年。

我们很难想出合法的一夜暴富的方法，否则，人们很容易就成富豪了。买彩票中大奖能让我们一夜暴富，但买彩票中大奖的几率只有八百万分之一以下。

另一种合法的一夜暴富，就是我们到澳门或拉斯维加斯赌博。如果我们运气好，赌博赢一次两次是有可能的。但是经常或长期赌博的人最后都输了，只有开赌场的人是永远的赢家。

女人嫁给富翁，男人娶个富婆，也能让人一夜暴富。但是在一般情况下，富翁和富婆都想与跟自己差不多富有甚至比自己更富有的人结婚，以避免别人看中的是财富而不是自己。

中国的物权法和婚姻法规定，婚前财产归婚前所有人，只有婚后财产才是夫妻共同财产。可见，中国的法律制度也不支持靠结婚实现一夜暴富。

合法与创造都有自身逻辑

经济学的原理是投入了成本才能有收益。高投入，有高收益，高风险，有高收益。为什么合法的一夜暴富这么难？因为，所谓的一夜暴富通常要求人们用低成本甚至零成本创造财富，而这种高收益、无风险逻辑，显然违反了经济学的基本原理。

违法的一夜暴富门路有的是，如走私、贩毒、抢银行、受贿、贪污等，但这些方法风险太高，一旦风险兑现，人们就要付出失去自由的代价，甚至要以生命作赌注。

违法的一夜暴富之所以存在，是因为从事违法行为的人付出了高昂的成本。这个成本甚至比得到的财富收益还要高，这在经济上是不划算的。这就是绝大多数人不愿意通过违法的方式实现一夜暴富的原因。

合法的一夜暴富太少见，违法的一夜暴富不划算，因此，人世间的一夜暴富是很稀缺的。由于一夜暴富很稀缺，人们才很在乎一夜暴富，对一夜暴富津津乐道。

财富是一点一点靠双手"挣"来的，是以钱生钱投资"赚"得的。中国首富、华人首富和世界首富都不能一夜暴富，谁还能够一夜暴富？

即使真的一夜暴富了，那也不见得是好事。财富是好仆人，也是坏主人。

麦基·卡罗尔本是英国诺福克郡的一名垃圾工。2002年，麦基购买的彩票中了970万英镑（约人民币1亿元）大奖，一夜间他从一名穷小子摇身变成了超级富翁。有了巨款，麦基开始挥霍无度地购买豪宅、名车，寻求刺激，染上了吸毒和嫖妓等恶习。8年后，他将这笔财富挥霍一空，不得不重新开始做苦力活，而且要靠救济金生活。

男人如此，女人也不能免俗。英国女孩凯莉·罗杰斯在16岁那年中了乐透彩票大奖，190万英镑（约人民币2015万元）的天降横财，彻底改变了这个贫苦女孩的生活。6年过去了，凯莉酗酒，吸毒，乱搞男女关系，甚至多次企图自杀，她的财富在胡乱挥霍后仅剩10万英镑。凯莉坦言，"金钱带给我的只有痛苦"。

据台湾媒体2009年6月报道，台南市开出9亿大乐透头彩，苏姓男子是乐透头奖得主，中了一千多万。苏先生不甘心只当千万富翁，大手笔买彩票想再中奖成为亿万富翁，结果彩金花光了，他都一毛也未中。

北京的一位出租车司机，老房子拆迁时，得到2套住房和280万元现金补偿。有钱了就不再开车，天天吃喝玩乐，再加上被人骗钱，在2套毛坯房还没有到手的两年多间，280万元现金就不见了，愁着不知怎么装修那2套房子。

据美国国家经济研究局的调查，近20年来，欧美的大多数彩票头奖得主在中奖后不到5年内，因挥霍无度等原因变得穷困潦倒。美国彩票中奖者的破产率每年高达75%，每年12名中奖者中就有9名破产。

违法的一夜暴富往往产生悲剧，这不难理解。为什么合法的一夜暴富，也会产生悲惨的结局？第一，一夜暴富让人产生财富很容易得到的幻觉，人的预期收入高，花费就不在话下了；第二，财富来得快、来得多，便失去了财富的稀缺性，人们自然"视金钱如粪土"了；第三，一夜暴富得到的财富，驾驭了人们，财富成了人们的主人，人们难免要受到财富的奴役。

只有通过辛苦劳动和聪明才智创造的财富，我们才能自始至终驾驭它，而不是被财富驾驭。我们是财富的主人，我们就会珍惜和善待财富。

中美首富不一样的智慧

胡润2007百富榜和福布斯2007年中国富豪榜揭示，26岁的碧桂园大股东杨惠妍分别以1300亿元人民币和162亿美元的财富稳居第一，两个富豪榜的前10名都有6名富豪从事房地产业务，只有在两个富豪榜上都居第6位的江西赛维LDK太阳能高科技有限公司的彭小峰以高科技为主业。2007福布斯公布的美国十大富豪中，微软公司董事长比尔·盖茨仍稳坐头把交椅，净资产高达590亿美元，连续14年雄踞该榜单之首，福布斯美国富豪榜的前10名中有5名富豪从事高科技业务，没有一名以房地产为主业。可以说，目前中国首富是做房地产的，美国首富是搞高科技的。

要成为首富，必须从事高利润行业，而垄断产生高利润，但在自由竞争的市场经济中，垄断是违法的。如何合法地赚取垄断利润，是首富的基本功和试金石，也能体现出首富的财经法律智慧。美国法律不允许美国存在行政性和体制性垄断。美国的汽车业和交通业发达，房地产的地域垄断优势不明显，只有技术垄断在美国是可行的。要赚取垄断利润，美国企业家只能投资和发展高科技产业。选择高科技产业，成为美国首富的概率更大。中国的石油、电信、金融、电力、铁路等垄断性行业属于国有企业，国有企业不能产生首富，而民营企业又无法从事这些垄断行业。投资和发展高科技产业对中国企业来说投入多、风险高，而且法律对高科技产业所需的知识产权保护不到位，这些导致企业走高科技之路的意愿不强烈。中国有13亿人口需要住房，且房地产具有地域垄断性，这让中国的民营企业家对房地产开发趋之若鹜，中国首富自然出自房地产业的居多。

从投资的角度看，在中国投资房地产业，既可以享受城市化的发展成果，又可以分享人口红利。在中国，房地产业得到政策和地方政府的支持，因房地产企业给地方政府的GDP、税收和就业作出了贡献，房地产往往是当地的支柱产业。作为回报，房地产业也为中国富豪的产生做出了巨大贡献。而美国是个城市化已经基本完成的国度，人口增长缓慢，投资房地产业显然没有中国具备的优势。科技创新是美国的基本国策，高科技产业虽然成本高，但美国不缺资本；高科技业投资风险大，收益相应也高。

可见，中美首富都是从满足市场需求中获利，美国是技术驱动型市场，中国是需求驱动型市场。美国的高科技企业满足了美国乃至全世界的市场需求，因此催生了较多的首富。中国的房地产企业满足了中国的中产阶级提高生活水平和投资理财的市场需求，再加上房地产价格猛烈上涨，源自房地产业的首富自然就多。

中美法律对科技创新和知识产权的保护力度有区别，是中美首富结构性差异的重要原因。就像在中国文化中"偷书不算偷"一样，在中国窃取知识产权的利益大、成本低、风险小，导致企业走科技创新道路的动力不足。而在美国，谁胆敢侵犯知识产权，法律就让谁倾家荡产、身败名裂。对知识产权的法律保护，成为美国高科技企业能够做强做大的保障和底线。

中国是世界上最大的发展中国家，美国是最大的发达国家。中国的时势造就了中式财富英雄，而美国的环境催生了美式首富。条条大路通罗马，中美企业家根据不同的国情，发挥各自的财经法律智慧，终于登上财富的巅峰。

房地产业目前是中国首富的重要孵化器，但它难以成为中国首富的永久孵化器。房地产具有地域垄断性的同时，受土地资源的限制，房地产企业难以做大做强，房地产业因自主知识产权少而无法具有国际竞争力。风水轮流转。随着中国加快建设国家创新体系，深化科技管理体制改革，实施知识产权法律保护战略，充分利用国际科技资源，中国创造必将超越中国制造，成为中国首富的可持续存在的孵化器。

伟大的企业家都是风险管理大师

2008年年底以来，有关三度当选财富榜首富的企业家黄光裕涉嫌经济犯罪的报道不绝于耳。自牟其中、禹作敏、褚时健、唐万新、孙大午、陈久霖、郑俊怀、顾雏军、李经纬、戴国芳、龚家龙、陈同海、周正毅、张荣坤等之后，命运多舛的中国企业家中又多了一位落马者。

在法律上落马的企业家，与因经营不善导致企业破产或倒闭的企业家一样，不管曾经多么辉煌，都算不上是好的企业家，更与伟大无缘，除非他们能够东山再起并成就一番事业。

经营管理企业，既是整合资源的过程，又是管理风险的过程。企业家有时会在法律风险上栽跟头，有时会在经济风险上陷入困境，大多时候法律风险和经济风险往往一齐袭来。

好的企业家和伟大的企业家的区别就在于：好的企业家一般是风险管理专家，或者是发现并使用风险管理专家的伯乐，而伟大的企业家都是风险管理大师。伟大的企业家不仅重视企业的经济风险，更重视企业的法律风险。法律风险可以将一个企业拖累得一蹶不振甚至倒闭，这样的例子比比皆是。不管牟其中及南德集团是否真的触犯了信用证诈骗罪，但明摆着的事实是，一度是国内最大民营企业的南德集团因此不复存在了。

风险管理大师不一定是伟大的企业家，但伟大的企业家一定是风险管理大师，他们可以将企业风险控制到极致。美国的比尔·盖茨、沃伦·巴菲特，中国的李嘉诚、任正非和王石等，都堪称伟大的企业家，同时都是杰出的风险管理大师。

连续保持了13年世界首富地位的比尔·盖茨经常说的一句话是，微软公司离破产只有18个月。这是比尔·盖茨对企业风险的理解。

世界著名投将资人沃伦·巴菲特师承风险管理大师格雷厄姆，一生坚守"安全边际"的投资原则，是主要靠投资成功的世界首富，其旗下的伯克希尔·哈撒韦公司的股价曾创下每股高达13万美元的纪录。巴菲特的投资原则只有两条：第一，永远不要冒风险；

第二，永远不要忘记第一条。

在众多企业家看来，华人首富李嘉诚非常保守。尤其在经济危机期间，李嘉诚的企业会保有大量现金，大大降低负债率。永远不让企业陷入财务风险的做法，奠定了李嘉诚在华人企业家中风雨不倒的地位。

在全球金融危机蔓延的2008年，华为公司的全球销售收入达到183.3亿美元，同比增长42.7%。任正非尤其能够居安思危，在华为公司如日中天的时候，任正非在内部发表文章《华为的冬天》。从此，中国的经济界和企业界形容经济不景气或有风险的时候，都拿"冬天"作比喻。

万科公司能够成为中国房地产企业的龙头老大，与王石给万科公司定了很多能得到执行的规矩是分不开的。万科公司抵御风险的规矩，一是不触摸法律红线，二是不做利润超过25%的房地产项目。

格力电器董事长朱江洪和总经理董明珠，在坚决拒绝了多元化诱惑的同时，也坚决拒绝了多元化的经营风险，一心一意做空调，成就了中国空调业第一个也是目前为止唯一的一个世界名牌。

伟大的企业家都是风险管理大师，而倒霉的企业家各有各的风险。企业家如何避免倒霉，而成为好的或伟大的企业家，在胜者为王的企业丛林中成为胜者？企业家立于不败之地的看家本领至少有两个：一个是不冲撞法律红线，另一个是控制好财务风险。

企业家离法律多近才安全

禹作敏、牟其中、褚时健、唐万新、孙大午、郑俊怀、顾雏军、李经纬、戴国芳、龚家龙、周正毅、张荣坤、田文华、黄光裕等知名企业家，不管他们是否真的构成犯罪，不管他们构成的犯罪是否为最后裁判的罪名，不管他们犯罪是否有体制的原因，他们都是因为与法律的龃龉而落马的。这让我们不得不深思中国国情下企业家与法律的距离这个命题。

驾驭金钱

中国商圣范蠡曾提出："商道兴国，共兴本念。"即经商者赚钱，首先为国家，其次为大家，最后才是为自家。这与当代知名经济学家张维迎"利己先利人"的市场逻辑不谋而合："如果一个人想得到幸福，他（或她）必须首先使别人幸福。"

牛根生秉持"财散人聚，财聚人散"的原则，成就了蒙牛大业。在企业家普遍感觉缺乏人才的时候，比亚迪的创建者王传福却从来不缺乏人才，为什么？本来王传福拥有比亚迪百分之百的股份，但比亚迪上市后王传福的股份只剩下28%，他将高达22%的股份给予了其他34位高管。拥有约28%的股份即成为中国首富，王传福身边的百万富翁、千万富翁、亿万富翁又有多少？这就是王传福从来不缺乏人才的根本原因。

真正的企业家赚钱不靠金钱开道，靠的是信用、智慧和能力。如果企业家赚钱靠的是金钱开道，中国就不会有华人首富李嘉诚，因为李嘉诚创业前穷得连学都上不起。

2011年1月18日，胡润研究院发布了《中国富豪特别报告》，该报告显示，胡润百富榜发榜12年间中国共有24名"问题富豪"落马，行贿、资本市场相关问题和诈骗是富豪出问题的三大主因。

那些在金钱上栽了跟头的企业家，并不是不知道企业家赚钱不靠金钱，而是鬼使神差地相信金钱万能，信奉"有钱能使鬼推磨"，他们要么是一时糊涂，要么是养成了赚钱和花钱上的坏习惯：拿金钱铺路，有事靠金钱摆平。看起来他们是在驾驭金钱，实际上他们是在被金钱驾驭。

金钱观不一样，赚钱和花钱的结果就不一样。有的人会坐牢，金钱上损失惨重，甚至变得一文不名；有的人会把企业做强做大，获得更多的金钱。

企业家如何驾驭金钱而不被金钱驾驭？建设性地赚钱和花钱，就是驾驭金钱，是法律支持的；破坏性地赚钱和花钱，就是被金钱驾驭，是法律不允许的。

远离权力

不少企业家是在处理与公共权力的关系时触犯法律落马。

企业家必须和公共权力打交道，很多企业家花大部分时间和精力处理与公共权力的关系，只用少部分时间处理企业事务。

有的企业家通过向掌握公共权力的人输送利益的方式，安排或租用公共权力为企业做事，为企业增加利润或降低成本，但以输送利益的方式来获取企业成功，只能成功一时，不可成功一世。

向公权力输送利益的企业家不会真正成功，这里面蕴含着一个基本原理：企业家没有安排公共权力的权利。既然企业经营管理不能违反基本原理，用金钱的力量安排或租用公权力，就会给企业和自己带来高风险，而且风险兑现是大概率事件。尤其是在执政党"既打老虎，又打苍蝇"的反腐败环境中，企业家安排公共权力的行为，会给企业家和官员都带来灭顶之灾。

那些擅长风险管理的企业家，没有侥幸心理，不会图谋安排公共权力。有智慧的企业家，是通过提升企业竞争力实现成功的。

企业家没有安排公权力的权利，同时也没有被公权力违法安排的义务。企业家有权对违法的权力安排说不，有权利也有义务维护公开、公正、公平和诚实信用的市场秩序，并从中受益。如果企业家不敢于或不善于对违法的权力安排说不，最终倒霉的是企业家，受害的是企业。

官员傍大款，大款傍官员，都存在巨大的法律风险。让企业具有核心竞争力，才是企业家成功的人间正道。真正的企业家，应该多找市场，少找市长。

有政治智慧的企业家会远离权力而靠近政策。政策是执政党和政府制定的，紧跟政策是不会出问题的，而权力是由个人掌握的，不受监督的权力会导致腐败，绝对权力产生绝对腐败。

法律靠山

有些自以为成熟的企业家，认为中国还不是真正的法治国家，因此，不把法律放在眼里，试图用金钱摆平问题，用权力指挥法律，最后被法律制裁，落得悲惨的下场。

根据媒体的公开报道，自1997年以来，企业家犯罪呈逐年上升趋势，共有200多位重量级企业家因犯罪落马，其中不少人曾登上中国福布斯和胡润富豪榜，他们中不乏担任过各级人大代表和政协委员的企业家，也不乏获得省级以上各种荣誉和奖励的企业家。

不管企业家是在金钱上落马的，还是在处理与权力的关系时落马的，他们落马的共同点都是触犯了法律。企业家究竟离法律多远才危险，离法律多近才安全？

市场经济是法治经济，所有经济活动都应当在法律的规范下有序进行。法律是国家和人民意志的体现，是执政党和中央政府的长期政策，法律给予企业家确定的预期，给予企业家经营管理的准则，因此，企业家离法律越近越好，法律应当成为企业家永远的靠山。

企业家如何把法律当作靠山？第一，企业家可以不懂法律，但不能没有法律意识。除了有金钱意识和权力意识外，企业家万万不可缺少法律意识，董事长办公室与监狱也许只有一墙之隔。

第二，在法律上，防患于未然比亡羊补牢要高明。增加事前预防法律风险的投入，要比事后法律救火划算得多。美国企业家在法律风险防范上的平均支出费用占企业收入的1%。市场经济发达的国家的企业家在中国投资，会首先聘请律师了解公司或项目的法律和政策，接着对拟合作对象进行尽职调查，掌握拟合作对象的信用和实力，将法律风险降到最低。这是"先小人后君子"的做法，区别于不少中国企业家付出惨重代价的"先君子后小人"的做法。

第三，企业家应有宪法、行政法、商事法和刑法等全面的法律风险观。企业家在决策中运用法律，既可以避免战略风险，又可以创造利润。在企业经营管理活动中，企业家要面对行政处分、行政处罚等行政法律风险，要面对进入门槛、合约关系、经济责任等商事法律风险，还要面对职务犯罪、单位犯罪等刑事法律风险。法律已经成为企业家主宰商海沉浮的方向盘。

企业家可利用的力量有三种：金钱、权力和法律。但是，与金钱和权力相比，法律才是企业家永远的靠山，也应当是其一生的信仰。

中国亟须建立个人破产保护制度

美国在金融危机中，出现了一些申请个人破产保护的情况。在房地产价格下行和民间高利贷泡沫破裂之际，中国是否有必要建立个人破产保护制度？

不得不防倾家荡产

古往今来，人人都想家财万贯，荣华富贵。可是，事与愿违，有的人会倾家荡产，甚至家破人亡。

现实中很多原因可以导致倾家荡产：疾病、天灾、违法犯罪、受到违法犯罪行为侵害、赌博、玩游戏、买彩票、炒期货、炒房子、炒股票、集资等，甚至最近有因扶起倒地老人导致的倾家荡产。

用工业明胶生产食品和药品、向社会销售有毒食品和毒胶囊的企业和个人，根据国际惯例，应被政府部门处罚得倾家荡产。

有的人发了横财也能导致倾家荡产，甚至家破人亡。加拿大男子杰拉德买彩票中了1000万美元的大奖。中奖后杰拉德开始了一系列令人咋舌的疯狂消费，7年之后杰拉德败光了这笔千万横财。2005年10月，身无分文的杰拉德在父母家中的车库内上吊自杀；一名英国男子西斯·高夫获得900万英镑乐透大奖后辞去工作，因生活无聊而花天酒地，最终在2010年10月因饮酒过度而死。

知道了导致倾家荡产的原因，防止自己倾家荡产就容易了：养成良好的生活习惯，预防得大病；购买商业保险，减轻遇到天灾人祸的损失；做守法公民，防范法律风险。但是，人总不能为防止倾家荡产，而杜绝进行经商、投资、借贷等商业活动。因噎废食要不得，停止创造财富的做法有百害而无一利。

个体工商户、合伙企业、个人独资企业对外要承担无限责任，家庭财富是个体工商户、合伙企业、个人独资企业资产的组成部分。防止倾家荡产，家庭成员应尽量避免设立个体工商户、合伙企业、个人独资企业等承担无限责任的经济组织。

设立有限责任公司和股份有限公司可以避免倾家荡产，因为股东以出资额为限对公司承担责任，公司以资产为限对外承担责任，公司与家庭财富之间有一道防火墙，即使公司破产了，家庭财富也不会受到影响。

问题是设立公司的成本高，小生意不值得设立公司。小生意恰恰与个体工商户、合伙企业、个人独资企业是配套的。如果家庭要投资股票、基金、银行理财产品，连设立个体工商户、合伙企业、个人独资企业都是不必要的。

因此，防止倾家荡产，保障社会稳定，其根本出路在于建立个人破产保护制度。

个人破产保护应形成制度

个人破产的事情，在香港明星钟镇涛身上发生过。由于炒房失败，钟镇涛无法偿清高达2.5亿港元的债务，法院宣告钟镇涛个人破产。个人破产后，个人会被限制高消费，出门要坐公交车，不能拥有自己的坐驾。这样看起来很惨，但个人破产，可避免倾家荡产，未来还可以东山再起。

什么是个人破产保护制度？个人破产保护制度是指，个人负债过多，全部资产不能清偿其到期债务时，法院依法宣告其破产，对其财产进行清算和分配，并对其清算后仍不能偿还的债务进行豁免。

为什么要建立个人破产保护制度？实行个人破产保护制度有三个好处：（1）债权人可以公平地获得债权清偿，所谓"欠一百不如现五十"；（2）债务人可以摆脱旧债，重新获得经济上翻身的机会；（3）对社会来说，可以实现债权人受偿的最大化和债务人受债务困扰的最小化，可以防止倾家荡产演变为家破人亡，社会稳定可以得到保障。

个人破产保护制度是发达的市场经济国家和地区的基本经济制度。美国的个人破产又称为消费者破产，美国破产法中有专门的章节对其作出规定。无论是英美法系的美国、英国、澳大利亚、中国香港，还是大陆法系的德国、法国、日本，个人破产都是破产法的重要内容。

金融危机期间，个人破产最频繁。据美联社统计，2008年美国申请破产保护的企业和个人总数近120万，其中大多数是个人破产保护。美国破产研究所公布的数据显示，2010年美国消费者申报破产人数比2009年增加9%，达153万人。

中国只有企业破产法，至今没有建立个人破产保护制度。对每一个家庭来说，子女出生、教育支出、疾病、意外伤害、父母不测都需要大笔开支，通货膨胀、失业风险也无处不在。如果个人负债太多，或因担保等原因间接负债，抑或出现重大投资失误，导致家庭净资产为负数的时候，事实上个人和家庭已经破产了。

没有个人破产保护制度，社会难免出现"生命不息，债务不止"的现象，出现夫债妻还、父债子还的现象，还会发生拘禁、殴打、绑架债务人等非法讨债行为，导致有些债务人四处躲债甚至自杀，影响社会稳定。

房价涨到现在，100万元很难在北京、上海等一线城市买到房子。在中国二、三线城市，100万元大概能买到100平方米的房子。一个家庭八成按揭的房产，房产风险与首付相比放大了5倍。当100万元购买的房产价格下跌20%，损失就是20万元即首付的

100％，100万元是20万元的5倍。房价下跌30％~50％，该房产就净负债10万~30万元。房价下跌80％，该房产只值20万元，房主有80万元负债。当该房产像美国底特律的一套房产只值象征性的1美元时，房主20万元首付和80万元贷款就亏光了。如果该家庭没有其他净资产，房价下跌20％以上时，就已经资不抵债，实际上已经破产了。

我们要居安思危。凡事预则立，不预则废。谁能保证中国经济一直以8％以上的速度增长下去？谁又能保证中国不发生经济衰退或金融危机？

在中国发生经济衰退或金融危机之前建立个人破产保护制度，为个人破产立法，有助于提醒"月光族"、"月亏族"和"啃老族"理性消费，减少家庭负债投资，也能给疯狂的高利贷降温，有利于防止倾家荡产、社会动荡、经济衰退和金融危机。

第七章
中国企业与法律的距离

反人类的企业没资格存活

先是著名媒体人发微博称，根据调查记者的爆料，老酸奶和果冻不能吃，疑是破皮鞋制成。后来，中央电视《每周质量报告》曝光了河北一些企业用生石灰处理皮革废料，制成工业明胶，并将其卖给浙江省绍兴市一些企业制成药用胶囊。由于皮革在工业加工时，要使用含铬的鞣制剂，因此这样制成的胶囊，往往重金属铬超标。经检测，修正药业等9家药厂13个批次药品所用胶囊重金属铬含量超标，最多超90多倍。这些新闻再次把令人触目惊心的中国生命健康安全问题，暴露在公众面前。

法律严惩反人类行为

新闻的背景是药品和食品企业为了提高利润、降低成本，用工业明胶代替食用明胶。

食用明胶是胶原蛋白煮后的产物，是从动物鲜皮、骨料内提取，经过蒸发、干燥后混合而成。胶囊、果冻、酸奶、冰淇淋、糖果、火腿肠、酱牛肉等药品和食品，都含有食用明胶。

而工业明胶是由垃圾或废品中的皮革下脚料加工而成，含有大量铬、铅等重金属，这些重金属容易进入人体细胞，对肝、肾等内脏器官和DNA造成损伤，致癌并可能诱发基因突变。

工业明胶当食用明胶使用与投毒无异，其对人的健康和生命构成重大威胁，是一种反人类行为。如果企业蒙混过关把产品出口到国外，相关人员有可能以"危害人类罪"被起诉。

食用含有工业明胶的药品和食品的中国消费者，有权向药品和食品企业进行民事索赔。对于生产不符合食品安全标准食品或者销售明知不符合食品安全标准的食品的生产者和销售者，消费者除要求其赔偿损失外，还可以要求其支付价款10倍的赔偿金。

主管部门有职责对使用工业明胶的药品和食品企业作出行政处罚。《中华人民共和国食品安全法》规定的行政责任较轻：没收违法所得、违法生产经营的食品和用于违法生产经营的工具、设备、原料等物品；违法生产经营的食品货值金额不足一万元的，并处二千元以上五万元以下罚款；货值金额在一万元以上的，并处货值金额五倍以上十倍以下罚款；情节严重的，吊销许可证。

使用工业明胶的药品属于假药。根据《中华人民共和国药品管理法》的规定，生产、销售假药的，没收违法生产、销售的药品和违法所得，并处违法生产、销售药品货值金额二倍以上五倍以下的罚款；有药品批准证明文件的予以撤销，并责令其停产、停业整顿；情节严重的，吊销《药品生产许可证》、《药品经营许可证》或者《医疗机构制剂许可证》。另外，从事生产、销售假药的企业，其直接负责的主管人员和其他直接责任人员十年内不得从事药品生产、经营活动。

把工业明胶当食用明胶使用的企业，其责任者应当承担刑事责任。在食品中使用工业明胶，一般以"生产、销售有毒、有害食品罪"定罪处罚。鉴于工业明胶当食用明胶使用相当于投毒行为，且是专业人员针对广大民众的故意行为，可以"投毒罪"或"以危险方法危害公共安全罪"定罪处罚。

为什么药品和食品安全问题频发

《中国药典》规定，生产药用胶囊所用的原料明胶至少应达到食用明胶标准，严禁使用制革厂鞣制后的任何工业废料，产品出厂应检测铬含量。

生产药用空心胶囊的企业必须取得药品生产许可证，产品检验合格后方能出厂销售。药品生产企业必须从具有药品生产许可证的企业采购空心胶囊，胶囊经检验合格后方可入库和使用。

《食品安全法》规定，保障公众身体健康、科学合理、安全可靠的食品安全标准，是强制执行的标准。食品安全国家标准应当经食品安全国家标准审评委员会审查通过。食品生产者应当依照食品安全标准关于食品添加剂的品种、使用范围、用量的规定使用食品添加剂，不得在食品生产中使用食品添加剂以外的化学物质或者其他可能危害人体健康的物质。

中国鼓励食品生产企业制定严于食品安全国家标准或者地方标准的企业标准。中国对食品生产经营实行许可制度。中国有食品召回制度。

中国的药品和食品管理制度看起来非常健全，可为什么药品和食品安全事件仍然频频发生？因为执法不力。执法不力导致企业的违法收益很高，而违法成本很低，违法风险很小。不用担心巨额罚款，更不用担心企业倒闭和个人坐牢，违法企业自然有恃无恐。

执法不力主要是由官商勾结造成的。如果执法者是违法企业的保护伞，甚至违法企业是执法者或执法者的亲属开办的，执法不力就成了普遍现象。同时，中国很少在受贿、滥用职权、徇私舞弊、玩忽职守等方面判决药品和食品监督管理人员承担刑事责任。

在依法治国和政治体制改革完成之前，执法不力问题一时难以解决。只有发动消费者，才能对企业的反人类行为和执法不力行为构成有效监督。

只要调动消费者维护自己合法权益的积极性，就能发动消费者行使监督权。政府可以对消费者实行维权法律援助。司法机关在法律允许的范围内，判决违法企业对消费者承担惩罚性赔偿的责任。

危害人类健康和生命的企业，奉行的是强盗逻辑，其行为与谋财害命没有本质的区别。与人类敌对的企业，没有资格在人类社会生存。政府和司法机关应该把这样的企业处罚得倾家荡产，永世不得翻身。2009年，美国制药巨头辉瑞公司只是在营销中故意夸大药品适用范围，就被政府重罚23亿美元。

企业牟利天经地义，但应当像著名经济学家张维迎教授所说的那样，奉行市场逻辑：要想自己好，首先要对别人和社会好。利人利己才是企业的基业常青之道。

国美博弈，谁是最后赢家

三度登上内地首富宝座的黄光裕要在监狱里隔空罢免陈晓。陈晓代表国美电器起诉黄光裕，实施"去黄化"反击。一系列眼花缭乱的明争暗斗，在2010年9月前后揭开谜底。是资本的权力大，还是"县官不如现管"的管理层能胜出？国美博弈的结局，是今后谁来主宰国美。

国美博弈是一场什么样的博弈

博弈是人们遵循一定规则的活动，参加活动的人的目的是让自己赢。自己在和对手竞赛或游戏的时候怎样才能赢？这既要考虑自己的策略，也要考虑对手的选择。知己知彼，百战百胜。

市场经济中的博弈，是指在一定的游戏规则约束下，基于直接相互作用的客观条件，各参与人依靠所掌握的信息，各自决策和行动，以实现利益最大化、成本最低化和风险最小化的过程。可见，博弈就是人们为了谋取利益而竞争的活动。

正在发生的国美博弈，在博弈类型上应当是动态博弈、非合作博弈和完全信息博弈。

动态博弈是指在博弈中，两个参与人有决策和行动的先后顺序，且后行动者能够观察到先行动者所选择的行动。国美博弈就是这种情况。

2009年6月，陈晓领衔管理层将贝恩资本引入国美。贝恩以可转股债形式投入18.04亿港元（折合人民币15.9亿元），实施债转股后贝恩可持有9.75%国美股份。

2010年5月12日，黄光裕在股东大会上发动突袭，否决了贝恩资本派驻在国美的三名董事。当晚国美董事会立即投票，迅速通过贝恩三人维持非执行董事职务的决议。2010年8月4日，黄光裕以其控股公司Shinning Crown Holdings Inc.名义，向国美董事会发出信件，要求举行临时股东大会，撤销前股东大会给予董事会的20%增发授权，撤销陈晓的公司执行董事及董事局主席职务。第二日，董事会公告决议，在香港法院对公司股东及前任执行董事黄光裕提出正式起诉，就黄光裕于2008年1月及2月前后回购公司股份中因违反公司董事的信托责任及信任的行为进行索赔。

2010年8月6日，国美电器董事会及最高管理层发出致全体员工一封信，对管理层的决策和行为作出解释。2010年8月18日，黄光裕方面以国美电器大股东的名义，发出了一封名为《为了我们国美更好的明天》的公开信，剖析了陈晓在担任董事会主席后，通过三步棋，逐步实现去"黄"化，"陈晓乘人之危，阴谋窃取国美人共同的历史成果和未来的事业发展平台，企图变'国美电器'为'美国电器'"，指出陈晓的目的是"联手国外资本，妄图使国美电器这个来之不易的民族品牌沦为外资品牌"。

根据参与者能否形成约束性的协议，以便集体行动，博弈可分为合作性博弈和非合作性博弈。人们分工与交换的经济活动是合作性的博弈，非合作性博弈是指参与者在行动选择时无法达成约束性的协议。而"囚徒困境"[①]是非合作性博弈中具有代表性的例子，反映个人最佳选择并非团体最佳选择。法律意义上的"囚徒"黄光裕，和被道德审判的"囚徒"陈晓，为了利己互相背叛，在两人陷入囚徒困境的同时，也让国美电器陷入生死存亡的困境。这是在国美电器演绎的"中国式囚徒困境"。

　　完全信息博弈指参与者对所有参与者的决策和行动完全了解，是所有参与者的公共知识和信息的博弈，否则，就是不完全信息博弈。有人说，国美电器是黄光裕的家族企业。这种说法只停留在过去，国美电器上市以后，就成了公众公司，所有重大事项都要对社会和证券市场公告。根据国美电器2009年年报，黄光裕家族控股的Shinning Crown持有国美电器33.98%股权，约三分之二的股份不由黄光裕掌控。从2008年11月黄光裕成为"囚徒"至今，黄光裕家族没有一个人进入国美电器董事会，国美电器怎么能算得上家族企业？恰恰相反，黄光裕家族在国美电器公共知识和信息获取上处于劣势，管理层引入贝恩资本的事，黄光裕家族是在既成事实后才知道的。

---

①"囚徒困境"是1950年美国兰德公司提出的博弈论模型，是指在两个共谋犯罪的人被关入监狱（单独关押），不能互相沟通的情况下，如果两个人都不揭发对方，则由于证据不确定，每个人都坐牢半年；若一人揭发，而另一人沉默，则揭发者因为立功而立即获释，沉默者因不合作而入狱10年；若互相揭发，则因证据确实，两人都被判刑2年。由于无法信任对方，囚徒倾向于互相揭发，而不是同守沉默。"囚徒困境"的结局，往往是两人要坐牢2年。

国美博弈不是人事斗争，而是战略之争

2006年夏天，家电市场占有率第一的国美收购市场占有率第三的永乐后，陈晓出任"新国美"的总裁，成为国美管理团队的二号人物。黄光裕当时表示："原来我不了解陈晓的时候，在印象中，陈晓是一个很坏的老小孩，在商业竞争中曾经给我很大的压力。通过数月合并谈判的接触，我认为陈晓的眼界很高，胸怀很宽广，能够把双方合并提高到一个未来发展战略的高度，提升到行业的民族利益前景的高度。另外，陈晓做事非常细心。"黄光裕还公开评价，再也找不到比陈晓更合适的总裁人选。

正是黄光裕对陈晓的高度认可，黄光裕出事的2008年11月，陈晓临危受命，出任国美总裁兼任董事会代理主席。2009年1月16日，陈晓正式出任国美电器董事会主席，并兼任总裁。

可见，黄光裕与陈晓之间发生的不是人事斗争，黄光裕要撤销陈晓的执行董事及董事局主席职务不是为了自己能坐上那个位置，而是另有原因。

黄光裕与陈晓的较量在于国美的战略之争。国美大股东Shinning Crown发给国美的信函称，撤销陈晓国美董事局主席职位的原因是国美业绩严重下滑，有被竞争对手超过的危险。在陈晓主政的第一年，国美的冠军头衔让给了竞争对手苏宁。黄光裕家族核心人士对外表示："我们提出罢免陈晓，主要是我们与他有路线之争。他的战略是追求短期效应，粉饰利润，讨好资本市场的做法。"

黄光裕历来主张的国美发展战略是高速扩张，抢占市场占有率，在形成对竞争对手的绝对压制力后再回头提升效率。而陈晓力主的效率优先战略，着力提升现有门店盈利能力，关闭效益不佳的

门店，以牺牲市场占有率为代价。

更换大老板是黄光裕与陈晓之间更重大的战略之争。目前黄光裕实际控制国美33.98%的股权，拥有股东会重大事项决议否决权。贝恩资本债转股和其他外资股加起来约占三分之一，散户合起来占三分之一。国美王国的股权结构，呈三分天下之势，但黄光裕仍是国美的大老板。

如果再增发20%的新股给支持现任管理层的投资人，国美总股本将扩大到200亿股，而黄光裕控制的股份会被稀释至25.58%，现在的管理层将获得29.18%股份的支持，超过黄光裕控制的股份。这就意味着，黄光裕会丧失国美大老板的地位，以贝恩资本为首的外资联合体将成为国美的大老板。

国美电器是黄光裕一手打造的，是他认为在创造就业、缴纳税赋和给予消费者实惠等方面对社会做出巨大贡献的公司，也是能体现他个人成就的一个公司，他自然不甘心失去国美大老板的地位。

科学的企业法人治理结构是最后的赢家

国美博弈中闪现的身影有国美的实际控制人黄光裕、大股东Shinning Crown和贝恩资本、董事会、作为小股东和董事长的陈晓、职业经理人等，他们在企业法人治理中的角色是什么？是否遵守了法律规定？国美是否有科学完善的企业法人治理结构？

企业或公司作为独立的法人，需要有相适应的组织体制和管理机构，使之具有决策能力、经营管理能力，行使权利，承担责任和义务。这种制度安排就是企业法人治理，其体制和机构就是企业法人治理结构。

按照公司法的规定，现代企业法人治理结构由四个部分组成：

（1）股东会。股东会由全体股东组成，体现所有者对公司的最终所有权，是公司的最高权力机构。

（2）董事会。董事会由股东会选举和更换成员，对股东会负责，对公司的发展目标和重大经营管理活动作出决策，维护股东的权益。董事长是股东会和董事会的主持人，在董事会里与其他董事一样，只有一票。

（3）监事会。监事会由股东会选举和更换成员，是公司的监督机构，有检查财务的权力，对董事、高级管理人员执行公司职务的行为进行监督。

（4）经理。经理由董事会决定聘任或者解聘，对董事会负责，是经营者和执行者。

公司法规定，股东会可以否决董事会的决议，但董事会不能否决股东会的决议。在国美博弈过程中，董事会否决了股东会作出的否决贝恩资本派驻在国美的三名董事的决议，贝恩委派的三个人最终成为了国美董事会的非执行董事，这说明国美董事会的权力大过了股东会。全世界只有大老板炒管理层鱿鱼的份，而国美的董事长和董事会却在酝酿更换大老板。公众能看到国美强势的董事会和董事长，也能看到纷纷表态支持董事会和董事长的管理层，就是听不到国美监事会、监事长和独立董事的任何声音。

公司法规定，公司股东依法享有资产收益、参与重大决策和选择管理者等权利。公司法又规定，违反法律、行政法规的公司股东会、董事会的决议内容无效。如前文所述，国美博弈中的角色违反了公司法的相关规定，国美虽然贵为香港上市公司，但国美并没有建立和运行科学的企业法人治理结构。

诡异的是，国美现行的企业法人治理结构恰恰是黄光裕留下来的。黄光裕不得不暂时吞下自己种下的苦果。

如果陈晓能成功更换大老板，从而掌控国美电器，相当于黄光裕白白给陈晓支付了50多亿的永乐收购对价，又将包括国美、永乐、大中、三联在内的大国美交给了陈晓，这符合市场经济的逻辑吗？这符合等价交换的法律原则吗？

成败其实早已有定数。即使失去国美电器实际控制人的地位，黄光裕仍有再造国美的雄厚资本。黄光裕如果抛掉上市国美电器的股票换来大把现金，收回上市国美电器使用国美商标的权力，以手中现有的360余家未上市门店为基础，大量新建和收购门店，就可以再造一个新的能实施黄光裕战略的国美。

国美博弈的最终结局是，陈晓辞任董事会主席、执行董事、执行委员会成员兼主席及授权代表职务，孙一丁辞去执行董事，但继续留任公司副总裁职务。由张大中出任国美电器非执行董事及董事会主席。

国美博弈的豪门盛宴，足以成为企业法人治理的里程碑。国美博弈就像一堂关于企业法人治理结构的公开课，值得中国的企业家们好好学习和借鉴。

冷眼看3Q之争

腾讯QQ与360之间的纷争已扩展到中国整个网络行业:盛大、迅雷都表示支持保护隐私功能;酷狗指责QQ音乐剽窃专利;百度、金山、傲游、可牛与腾讯站在同一阵营联合抵制360,共同发布了《反对360不正当竞争及加强行业自律的联合声明》。这场波及甚广的纷争,应当争出点名堂,让中国网络业沿着正确的方向前行。

网民隐私保护是前提

按照360的说法,QQ会在未告知的情况下扫描与聊天功能不相关的电脑文件,甚至还包括网银程序。腾讯承认,QQ会扫描用户硬盘中的文件,但腾讯称扫描用户硬盘是为了保护QQ账号安全,而"360隐私保护器"的监测结果是对QQ用户的恐吓和误导。将声明发给全国数亿网民后,腾讯以"不正当竞争"为由对360公司提起诉讼。

"在网络世界里,没人知道你是一条狗。"这是互联网上流行的一句名言。本来,人们在网络虚拟世界里可以伪装自己,但随着大量网络信息泄露事件的发生,这句名言受到了考验。

360与QQ的争斗，让网民产生了一个疑虑：我们是不是在360的监视和腾讯的注视下"裸奔"。口口声声称维护用户电脑安全的360，突然在用户的电脑屏幕上自动弹出窗口揭腾讯的短。强烈声明没有偷窥网民隐私的QQ，要用户"二选一"，这说明QQ知道用户使用360。这已经暴露了两家公司都能偷窥用户的隐私。

伴随着互联网应用的日益广泛，大量网民的私人信息被有意或无意地保留在第三方（个人或公司）的网络服务器上。网络聊天记录、网络银行的账号密码、私人照片、文件等信息均有可能在未经允许的情况下被第三方访问、读取。这种情况轻则造成文件丢失、照片曝光，重则将给用户造成名誉以及经济上的损失。网上有很多专门出售个人信息的网站，这些网站能提供姓名、手机号码、身份证号码等各种个人信息，且出售的价格极其低廉，1000条的售价仅为100元，无数网民因此深受广告骚扰和各种欺诈、敲诈的威胁。

网络隐私保护已经成为当下广大网民最为关心的话题之一。网络公司和网民都重视隐私，将是互联网发展史上的一场重大变革。

第一，要用技术和市场的手段解决网民隐私保护问题。技术上，网络公司应在事前、事中对网民隐私进行保护。市场上，让网络公司充分竞争，抢着对网民隐私负责，争做网民隐私保护的楷模。

第二，用法律手段对侵犯网民隐私权的网络公司和个人进行严厉制裁。《中华人民共和国民法通则》规定，公民的姓名权、肖像权、名誉权、荣誉权、著作权（版权）、专利权、商标权、发现权、发明权和其他科技成果权受到侵害时，公民有权要求停止侵害，消除影响，赔偿损失。中国的互联网管理法律法规诸如《互联网电子公告服务管理规定》、《互联网信息服务管理办法》、《全国人民代表大会常委会关于维护互联网安全的决定》、《木马和僵尸网络监测与处置机制》等，都对保护网民隐私作出了相应规定。2009年2月28日通过的《中华人民共和国刑法修正案（七）》，修订了刑法第二百五十三条，新规定了出售、非法提供公民个人信息罪。刑法还规定，出售、非法提供公民个人信息罪和非法获取公民个人信息罪是单位犯罪，可以对单位判处罚金，并对其直接负责的主管人员和其他直接责任人员判处三年以下有期徒刑或者拘役，并处或者单处罚金。

有关保护网民隐私权的法律规范散落在各个法律法规中，中国至今还没有一套完整的关于保护网民隐私权的法律规范，所以有必要对网民隐私保护进行专门立法，为网民隐私保驾护航。

网络要竞争，不要垄断

有人就腾讯公司涉嫌滥用市场支配地位、强制用户卸载360软件，向国家工商局提交申请，要求对腾讯公司展开反垄断调查。

反垄断的前提是垄断成为事实，那么腾讯有没有垄断行为呢？

《中华人民共和国反垄断法》规定的垄断行为包括：（1）经营者达成垄断协议；（2）经营者滥用市场支配地位；（3）具有或者可能具有排除、限制竞争效果的经营者集中。腾讯QQ与360的纷争，显然与经营者达成垄断协议背道而驰，也与具有或者可能具有排除、限制竞争效果的经营者集中不合。腾讯是否有垄断行为关键要看腾讯是否滥用市场支配地位。

《中华人民共和国反垄断法》第六条规定："具有市场支配地位的经营者，不得滥用市场支配地位，排除、限制竞争。"也就是说，要证明腾讯构成垄断，首先要证明腾讯具有市场支配地位；其次要证明腾讯滥用了市场支配地位；最后要证明腾讯滥用市场支配地位以达到排除、限制竞争的目的。

中国反垄断法规定的市场支配地位，是指经营者在相关市场内具有能够控制商品价格、数量或者其他交易条件，或者能够阻碍、影响其他经营者进入相关市场的能力的市场地位。

腾讯是否具有市场支配地位，应当根据以下因素判定：（1）腾讯在相关市场的市场份额，以及在相关市场的竞争状况；（2）腾讯控制销售市场或者原材料采购市场的能力；（3）腾讯的财力和技术条件；（4）其他经营者对腾讯在交易上的依赖程度；（5）其他经营者进入相关市场的难易程度；（6）与认定腾讯市场支配地位有关的其他因素。

如果腾讯在相关市场的市场份额达到二分之一，可以推定腾讯具有市场支配地位，但这不代表腾讯滥用市场支配地位排除限制竞争。

滥用市场支配地位的行为主要包括：1.以不公平的高价销售商品或者以不公平的低价购买商品；2.没有正当理由，以低于成本的价格销售商品；3.没有正当理由，拒绝与交易相对人进行交易；4.没有正当理由，限定交易相对人只能与其进行交易或者只能与其指定的经营者进行交易；5.没有正当理由搭售商品，或者在交易时附加其他不合理的交易条件；6.没有正当理由，对条件相同的交易相对人在交易价格等交易条件上实行差别待遇。

腾讯曾经强制用户卸载360软件，但并没有强制用户卸载所有的杀毒软件而只用腾讯的杀毒软件。事实上，腾讯只是有原因、有理由地排除、限制360的软件，并没有排除、限制瑞星、金山、卡巴斯基等杀毒软件与之竞争。从这一点上看，腾讯没有滥用市场支配地位，不构成垄断。

其实，不管腾讯是否构成垄断，提出对腾讯展开反垄断调查对网络用户都是有利的，对网络公司也是有则改之，无则加勉。

中国的网络业要发展，需要竞争，但不需要不正当竞争，也不需要垄断。

3Q之争应推动科技创新

QQ与360的纷争，不完全是两个网络企业之间的事，还是涉及软件业的基本原则和软件业出路的行业大事：一是应用软件的完整性原则要不要坚持？每个合法的商业软件是否应该拥有独立自主的经营和发展权？二是云查杀会不会滥用权力，攻击合法的商业软件？可见，QQ与360的纷争涉及了科技创新，中国网络业既需要反垄断，又不能妨碍科技创新和科技进步。

《中华人民共和国科学技术进步法》第十九条规定，企业应当根据国际、国内市场的需求，进行技术改造和设备更新，提高科学管理水平，吸收和开发新技术，增强市场竞争能力。采用新技术开发生产新产品的企业，可以依照国家的规定享受优惠待遇。《中华人民共和国科学技术进步法》第四十六条规定，国家鼓励企业增加研究开发和技术创新的投入。

企业冒着失败的风险进行科技创新，就要享有科技创新的收益。出于对知识产权的保护，互联网公司不兼容竞争对手的技术、产品和服务，是科技界和企业界的正常现象。例如IBM、苹果、微软等大型企业在产品和服务上从来都是不兼容的。

网络公司无权限制竞争对手进入，但可以拥有自己的独特的技术、品牌和商业模式。否则，不仅无法激励科技创新，反而鼓励人们抄袭和盗用知识产权。所以，政府部门在介入QQ与360纷争时，应重视保护知识产权问题。只要QQ与360的纷争不影响公共利益，不损害网民的合法权益，甚至有利于让网络公司争着对网民好，就应当让他们去争。这是正常的市场竞争的组成部分。

政府部门介入QQ与360纷争，要有法律依据，且应当根据自愿和合法的原则进行调解，在事实清楚的基础上，分清是非，政府部门无权强迫双方调解。

《工商行政管理机关制止滥用行政权力排除、限制竞争行为程序规定》第二条规定："行政机关和法律、法规授权的具有管理公共事务职能的组织滥用行政权力，实施排除、限制竞争行为的，由上级机关责令改正；对直接负责的主管人员和其他直接责任人员依法给予处分。国家工商行政管理总局和省、自治区、直辖市工商行政管理局可以向有关上级机关提出依法处理的建议。"

政府部门介入QQ与360的纷争，如果做不到公正、公平、公开，做不到合法、专业地解决问题，还不如不介入，让网络企业和网络行业协会自行解决。如果解决不了，诉诸司法机关解决是明智的选择，因为QQ与360之争的结局，决定着中国软件业甚至整个科技创新领域企业的前途，应慎重行事。

富士康VS比亚迪的"比富大战"

"比富大战"不是攀比财富的博弈，而是特指同为深圳企业、同在香港上市的比亚迪股份（01211.HK）与富士康国际（02038.HK）之间的市场竞争和法律纠纷。2009年5月2日，股神巴菲特旗下的伯克希尔·哈撒韦公司召开的股东大会在引起全球财经界关注的同时，竟然引发了"比富大战"的升级！

"比富大战"的来龙去脉

富士康是全球最大的电子代工制造企业鸿海集团旗下的著名手机代工厂商。2007年2月，富士康瞄准了中国内地庞大的汽车市场，进军汽车零部件制造。

比亚迪以制造充电电池起家，在手机零件和手机代工领域迅速崛起，是全球第一大二次充电电池生产商。2003年1月，比亚迪以2.96亿元收购秦川汽车77％的股权，进入汽车业。比亚迪的领军人物，是被"股神"巴菲特誉为"爱迪生和韦尔奇结合体"的王传福。

"比富"两家公司在业务上的重合和竞争，令双方近年来积怨甚深。2006年6月，富士康旗下的两家子公司以盗取商业秘密为由，将比亚迪诉至深圳市中级人民法院，向比亚迪索赔500万元。2007年10月，富士康在香港高等法院提出诉讼，以相同的指控向比亚迪索赔650.7万人民币。自此，"比富大战"在市场上和法律上全面展开。

饶有趣味的是，2007年9月的《南方都市报》曾报道，富士康禁止比亚迪汽车入内，并引述富士康保安员的话："比亚迪挖我们的人，两家公司有竞争，公司老板规定不让进，就像两个国家打仗一样。"

2008年3月14日，富士康宣称，"比富大战"案件已经升级为刑事案件，公安机关已经对涉案人员展开刑事侦查。2008年4月10日，富士康称，比亚迪创始人夏佐全已被拘留。第二天，比亚迪回应称，夏佐全被拘留4天后因缺乏证据被释放。2008年6月30日，比亚迪称，有关申请搁置与富士康的诉讼遭驳回。同日，富士康表示，将对比亚迪进行新的诉讼。2008年12月2日，比亚迪发布紧急公告称，公安机关已撤销针对比亚迪的调查。

"比富大战"一直在市场上和媒体上进行得如火如荼，但在法律诉讼上，"比富"之间的知识产权纠纷案件进行得漫长而拖延。2012年6月20日，香港高等法院驳回了原告"富士康系"的上诉。同时，法官指出，对比亚迪对富士康的反指控保留意见，即比亚迪亦有可能存在诽谤或滥用诉讼程序行为。

财经盛事引爆"比富大战"

2008年9月，巴菲特旗下的公司以2.3亿美元买进比亚迪10%的股份。当初巴菲特希望出资5亿美元拥有比亚迪更多的股权，但比亚迪只同意持股比例不超过10%。

2009年5月2日，在伯克希尔·哈撒韦股东大会上，巴菲特和他的老搭档查理·芒格一起试驾了比亚迪的最新电动车。巴菲特称，"王传福才是真正的明星"。芒格认为："比亚迪的前途非常光明，就像比亚迪的车，我认为做得非常了不起，比亚迪定会成为中国最著名的公司。"

伯克希尔·哈撒韦股东大会第二天，郭台铭在接受台湾媒体采访时，针对比亚迪发表观点，隔空"三问巴菲特"：一问为何投资偷窃商业机密的公司？二问敢不敢开比亚迪汽车上下班？三问用何种专业判断比亚迪的潜力？郭台铭与巴菲特唱反调，将"比富大战"的战场从IT领域扩展至汽车业，从国内跨到国际舞台，从比亚迪的现状延伸到未来。

笔者试图用法律解读富士康提出的"三问"：第一，在法院判决生效之前，比亚迪是否偷窃富士康的商业机密或是否侵犯知识产权是个未知数，巴菲特投资偷窃商业机密的公司的前提条件不成立；第二，为什么不敢开比亚迪汽车上下班？可以用反问回答问题；第三，巴菲特是投资大师，伯克希尔·哈撒韦是专业投资公司，他们怎么判断一个公司的潜力本身是受法律保护的商业秘密，如何判断比亚迪的潜力也不例外，若巴菲特不认为判断比亚迪潜力的方法是商业秘密，他可以随时公布。

目标远大的公司如何参与建立良好的商业秩序？如果比亚迪和富士康能相互站在对方的立场上考虑问题，"比富大战"就可以休止了。两个具有国际竞争力的中国企业，都应当知道什么是两败俱伤，什么是和气生财。美国的思科公司曾经在美国起诉中国的华为公司侵犯其知识产权，最后这起跨国案件以和解告终。思科公司和华为公司在处理两个公司业务上的重合、竞争和知识产权问题方面，是富有建设性的。笔者相信，比亚迪和富士康能像思科和华为一样，用高超的智慧来终结"比富大战"。

权力不是企业永远的靠山

企业与权力的关系，在发达的法治国家界限分明，那就是企业的归企业，权力的归权力。而在我们中国这样的发展中国家，企业与权力则存在"剪不断，理还乱"的关系。很多企业家花大部分时间和精力处理企业与权力的关系，只用少部分时间处理业务。实际上，中国的法治已经成熟到足以依法处理企业和权力之间关系的地步。

企业没有安排权力的权利

坊间有一个说法，房地产企业"会交租金"才能成功。这里所说的"会交租金"，是与寻租[①]相对应的，是指房地产企业通过"交

[①]寻租，政府运用行政权力对企业和个人的经济活动进行干预和管制，妨碍了市场竞争的作用，从而创造了少数有特权者取得超额收入的机会。根据美国经济学家詹姆斯·布坎南等人的论述，这种超额收入被称为"租金"，谋求这种权力以获得租金的活动，被称作"寻租活动"，俗称"寻租"。

租金"的方式，安排或租用权力为房地产企业做事，为房地产企业增加利润或降低成本。

然而，中国最大、最成功的房地产企业万科却"不会交租金"。不行贿是万科一面鲜明的旗帜，它用事实推翻了坊间的说法。

以向掌握权力的人"交租金"的方式来获取成功的企业，只能成功一时，不可能成功一世。北京泰跃房地产公司一度风光无限，其原董事长刘军向北京市海淀区原区长周良洛、北京市原副市长刘志华行贿，三人因此落马。谁还会认为北京泰跃房地产公司最终会成为一个成功的房地产企业？

不只是房地产企业，所有的企业都不能因"会交租金"而成功。这蕴含着一个基本原理：企业没有安排权力的权利。政府权力是公权力，如果企业安排权力，那么在企业和掌握权力的人都违法的同时，权力已经被私有化。公有财产私有化可以富民强国，但公共权力私有化既伤害老百姓，又危害国家政权。私有化的公权力是一种异化的权力，必然是腐败的权力。掌握腐败权力的人会变得很疯狂，自己驾驭不了自己，最终会走向毁灭。

企业没有安排权力的权利，企图用金钱安排或租用权力的行为，必然会给企业带来违法的风险。风险一旦兑现，会给企业家、官员和企业带来巨大的灾难。真正的企业家，应该多找市场少找市长。

让违法的权力安排无路可走

企业没有安排权力的权利，同时企业也没有被违法权力安排的义务。

2008年，广州番禺中心医院委托广州市政府采购中心组织空调采购招标，11月21日，中标结果发布，原先位列第一、投标报价最低的预中标供应商格力电器被排除在外，而报价最高的广东省石油化工建设集团公司中标，其中标金额比格力电器的报价高出443万元。格力电器认为，政府采购当事人违反了《中华人民共和国政府采购法》和《中华人民共和国招标投标法》，这是一种违法的权力安排，他们没有义务接受。格力电器就此事向广州市番禺区财政局投诉两次被驳回，遂将维持其处理决定的广州市财政局告上法庭，广州市天河区人民法院于2009年11月2日开庭审理了该行政诉讼案。

2009年11月23日，格力电器将广州市番禺中心医院、广州市政府采购中心一并告上广州市荔湾区人民法院，提起政府采购民事诉讼，请求法院责令被告共同承担违法招标采购的民事责任，连带赔偿格力电器直接经济损失合计63 862.31元。格力电器没有这6万多元就会破产吗？要知道，格力电器2009年前9个月的净利润近20亿元，光是向政府已申请的节能补贴就有1亿多元。显然，格力电器不差这6万多元钱，提起民事诉讼是不愿意接受违法的权力安排，是在对违法的权力安排说"不"，是在维护公开、公正、公平和诚实信用的市场秩序，为改善当地的投资环境作努力。

有人说，格力电器诉讼的目的是炒作，是在做免费的广告，但是，只要格力电器的出发点是好的，是通过合法途径维护自己的合法权益，新闻媒体给格力电器做免费广告也未尝不可。套用一句流行的话，格力电器走自己的路，让违法的权力安排无路可走。

这不是所有的企业都能做到的，大多数企业在这种情况下会选择忍气吞声。在新闻媒体上看热闹的人，应该为格力电器的法律意识和大智大勇鼓掌。

依法经营是企业社会责任的核心

说起企业的社会责任，人们自然会想到企业建希望小学、为灾区捐款捐物等慈善公益事业，但这些远远不是企业社会责任的全部。

企业社会责任是一种企业哲学或企业文化，是遵守法律，尊重人类、社会和环境的一系列价值观和实践。《财富》和《福布斯》杂志在评比企业排名时，都设定了"社会责任"这一标准。

企业社会责任的内容主要体现在以下几个方面：（1）债权人权益保护，供应商、客户及消费者权益保护；（2）劳动权利保障；（3）实现股东权利及相关利益者权利；（4）慈善公益捐赠；（5）环境保护；（6）反腐败及反商业贿赂；（7）知识产权保护；（8）和谐的社区关系和良好的社会效益等。

企业社会责任的内容表面上看起来与法律没有直接关系，实际上，依法经营是企业社会责任的基础和核心：债权人权益保护，供应商、客户及消费者权益保护，意味着企业要遵守民法、商法、合同法和消费者权益保护法等法律；劳动权利保障，等同于企业要按照劳动法、劳动合同法行事；实现股东权利及相关利益者权利，要求企业按照企业法、公司法的规定，完善企业法人治理结构；慈善公益捐赠是依法实现社会财富再分配的有效形式；环境保护要求企业履行环境保护法、海洋环境保护法、水污染防治法、固体废物污染环境防治法、放射性污染防治法、大气污染防治法、环境噪声污染防治法等法律规定的义务；企业不违反刑法、反不正当竞争法等法律，才能做到反腐败及反商业贿赂；企业依靠专利法、商标法、著作权法和反不正当竞争法，能保护知识产权；企业依法经营，才能营造和谐的社区关系，创造良好的社会效益。

依法经营的企业公民，为客户创造价值，为员工创造机会，为社会创造效益，为股东创造红利。

企业用不着寻找权力作靠山，法律就是企业永远的靠山。企业只要按照社会责任的标准去做，依法经营，就能处理好企业和权力之间关系。

为企业与政府关系立法

2013年11月，党的十八届三中全会召开，企业界对此强烈关注，有的企业家认为十八届三中全会堪比十一届三中全会，有的企业家则对十九届三中全会有更高的期待。企业界强烈关注执政党的会议，概因企业家心系中国改革的走向，期待营商环境法治化。

柳传志和马云以噤声方式关注改革

改革是对旧制度和旧事物的变更，其是有成本的。改革成本是改革投入的财力、物力以及社会所付出的代价总和。当改革的收益大于成本时，改革是一件有利可图和水到渠成的事。

党的十一届三中全会前，中国没有企业家群体。其时，中国实行计划经济，市场行为都被当作需要割除的"资本主义尾巴"，中国有企业，但这些企业都是公有制企业，公有制企业的领导是官员，不是企业家。计划经济下，国民缺衣少食，社会贫穷落后。

十一届三中全会后，中国从以阶级斗争为纲，转向以经济建设为中心，实行改革开放。改革开放的结果是，中国开始走向市场经济，产生了各种所有制的企业，催生了企业家群体，企业之间有了竞争，企业获得了本应属于自己的经营管理自主权，原先的"资本主义尾巴"和"投机倒把"成了市场行为，获得了合法地位。如1991年诺贝尔经济学奖获得者科斯教授所说，家庭联产承包责任制（俗称"包产到户"）、个体经济、乡镇企业和经济特区这样的"边缘革命"，逐渐成为了市场经济的主流。

到2009年，中国成为了世界第一贸易大国。2010年，中国GDP超过日本，成为经济总量排名世界第二的国家。30多年来，中国经济以近10%的年平均速度增长，堪称经济奇迹。中国的改革开放事业取得了举世瞩目的成就。

改革开放前后最大的不同是，中国有无企业家。因此，中国经济奇迹的缔造者主要是企业家。企业家是中国社会财富的创造主体，是GDP、就业和税收的主要贡献力量。是企业家的奋斗，让30多年前"楼上楼下，电灯电话"的中国梦提前实现了。

改革开放成就了中国企业家，企业家也成就了中国的改革开放，按说企业家应该对未来的改革开放抱有更大的期待，但中国的两位著名企业家柳传志和马云却以噤声方式关注改革。

柳传志曾在央视《对话》节目里说，大的环境改造不了，你就努力去改造小环境，小环境改造不了，你就好好去适应环境，等待改造的机会。之前，柳传志主张企业家"在商言商"，而马云说得更直白：政治改革不关企业家的事，管好自己就够了。

王石和王健林坦率宣示改革观点

在亚布力中国企业家论坛2013年夏季高峰会上，王石表示，企业家和政府只有互相理解才能达成共识，企业家在一起谈改革的动力，并不是要敦促政府改革，改革从来就不是一个人、一个组织的事情，中国的改革、中国的现代化需要全社会一起努力。王石认为，实干的政府官员和有执行力的企业家的工作内容可能很相似：考察、走访、听汇报，大会发言互相之间很容易理解，因此，希望企业家们理解政府，大型机构每一次改革都非常艰难。

"2013胡润百富榜"新科中国首富王健林对政府和企业关系感同身受：政企关系应该是合作，但是又有分别。中国经济是政府主导型的，任何人都不可以说他完全离开政府自行其是，但又不能跟政府的官员结合得太紧，不要把个人的利益和公司发展挂在一起。王健林对十八届三中全会充满期待，希望这次全会后再掀起一次类似1992年的改革大潮。

柳传志和王石是老一代企业家，而马云和王健林是中生代企业家代表，他们对改革开放和政商关系的看法并没有代沟，甚至像宗庆后的女儿宗馥莉这样的新生代企业家，他们困扰的问题与柳传志曾经困扰或仍在困扰的问题也没有什么区别。

2013年8月26日，宗馥莉直言娃哈哈已经到了一个危险时期：引以为豪的经销商体系实际已成为娃哈哈的弱势、长线产品缺失、多元化业务泛滥。作为企业家，宗馥莉倍感头疼的是要花费太多精力去跟政府打交道。

比宗馥莉更雷人的是，作为国有企业代言人的前国务院国资委主任李荣融在夏季达沃斯论坛发表讲话，表示中国国有企业搞不好是因为政府干预太多。政府要放手让国企自己去闯，企业吸取教训才会成长得更好。

其实，企业家关注政治体制改革不是什么禁忌。中国改革开放的总设计师邓小平早在1980年8月18日就明确提出："政治体制改革同经济体制改革应该相互依赖，相互配合。"1986年，在准备进行经济体制配套改革的同时，邓小平20多次提出要进行政治改革："不改革政治体制，经济改革也搞不通"。

只是，企业家并不是泛泛地关注政治体制改革。不管是民营企业家，还是国有企业家，都不约而同地将关注改革的焦点集中于了政企关系或政商关系。

改革出路：创建"政府与企业关系法"

政府与企业的关系是市场经济社会最核心的问题之一。党的十八大报告提出，经济体制改革的核心问题是处理好政府和市场的关系。而市场的主体，就是企业。

中国的市场经济体制由政府计划经济体制蜕变而来，再加上中国历史传承的官本位文化，导致至今政府对企业都具有强大的控制力和影响力，政府与企业的基本关系是管理与被管理、服从与被服从的关系。

政府不仅有调控宏观经济的责任，还有微观干预企业的权力。有的地方政府或政府部门既做"裁判员"，又当"运动员"；有的公务员在处理企业事务时，将政府公共权力私有化，利用手中权力寻租；有的企业家抵制权力寻租，往往遭受牢狱之灾，甚至人财两空。这种政企关系的后果是，政府的责任太大了，以致经济不景气时政府负有不可承受之重。

中国深化改革和扩大开放，应当继续排除发展市场经济的阻力，将扭曲的政企关系正本清源，让企业家全心全意地创造财富，只要合法经营就有安全感。这需要在法治层面上体现政府和企业的平等地位，制定和实施"政府与企业关系法"，明确厘清政府与企业各自的责任、权利和义务，把权力关进制度的笼子里，约束政府"看得见的手"，让市场"看不见的手"自由发挥作用。

深圳市艾比森光电股份有限公司董事长丁彦辉给自己企业与政府的关系界定了三个原则：不图谋政府资源，不巴结政府官员，不希望政府干扰。这三个原则是众多企业家的心声，应成为"政府与企业关系法"的立法目标：企业不谋求政府资源，企业家不巴结政府官员，政府不干扰企业自主经营。

"政府与企业关系法"应当规定，政府的根本目的是为企业服务。这与中国政府要成为服务型政府是一脉相承的，能够构成现代政企关系的基础。政府对企业的服务内容主要有：维护正常、良性的市场秩序，如打击制假售假、偷税骗税、走私贩私、逃废债务等违法犯罪行为，通过法治手段维护市场的公平性，营造优胜劣汰的市场机制；通过宏观经济政策维持经济稳定运行；协调和保护本国企业和产业发展。

实施"政府与企业关系法"，可以创建新型政企业关系：市场而不是政府成为对企业进行资源配置的主体；保障企业经营管理自主权，政府搞好企业外部环境；落实《预算法》和《企业国有资产法》，国有资产管理机构只能作为国有企业的股东，政府不能再作为国有产权的代表存在；政府只提供公共产品，商业投资交给企业来做；政府是公共部门，政府的职责是服务于企业；企业准入管理由审批制度改为备案制度；政府和企业是平等的法律主体；不具有司法权的政府行政机构，不能查封企业的财产。

　　"政府与企业关系法"还应当规定，对于政府机关的越权或侵权行为，企业对政府拥有法律诉讼的监督权。

附　录

关于"民间投资促进法"和"民间借贷法"内容的建议稿

鉴于中国社会有促进民间投资和民间借贷阳光化的巨大需求与强烈呼声，不少非法集资案被法学界、经济学界、新闻界认为是错案，有必要尽快立法"中华人民共和国民间投资促进法"（以下简称"民间投资促进法"）和"中华人民共和国民间借贷法"（以下简称"民间借贷法"），以规范民间投资和借贷行为，填补投资和借贷法律空白。

一、"民间投资促进法"和"民间借贷法"立法的目的

促进民间投资，将民间借贷阳光化和规范化，改善投资环境，拓宽投资渠道，保障国民自由投资和借贷的权利，推动经济可持续发展，创造更多的就业机会，让更多国民拥有财产性收入，实现中国民富国强、和平崛起的战略目标。

二、"民间投资促进法"和"民间借贷法"立法的意义

1.有助于实现党的执政目标。

2007年10月，胡锦涛总书记在党的十七大报告中提出，"创造条件让更多群众拥有财产性收入"。立法"民间投资促进法"和"民间借贷法"，有助于党的该执政目标的实现。

2.有利于提高中国的投资自由度。

经济学研究表明，经济越自由，人均GDP越高，技术创新能力越强，经济越有活力，国民越幸福。

投资、借贷自由是经济自由不可或缺的版块，既是重大战略问题，又是国民的基本权利。没有投资和借贷自由，中国就不是真正的市场经济。让投资和借贷自由成为中国市场经济的重要组成部分，实现中国国民的投资、借贷自由和权利，应提上党中央、全国人大和中央政府的议事日程。

目前，中国的投资自由度在世界排名第146位。"民间投资促进法"和"民间借贷法"立法有利于中国加快提升投资、借贷自由度，使之与中国的全球第二大经济体的国际地位相协调。

3.能够推动中国民营经济发展。

在全球经济一体化的时代，一个普遍现象是：凡是民营经济发达的国家和地区，其经济整体上发达。

在中国范围内，民营经济繁荣的地区，就是市场经济发达的地方。台湾、香港、广东、江苏、浙江等几个民营经济比例高的地方，其市场经济较为发达是不争的事实。

民营企业或中小企业是中国经济的中流砥柱。中小企业占全国企业总量的99%，对国内生产总值的贡献率达60%，对税收的贡献率

达50%，创造了约80%的就业和约65%的新专利。

据全国工商联调查，规模以下的小企业90%没有与金融机构发生任何借贷关系，微小企业95%没有与金融机构发生任何借贷关系。中小企业融资只能依靠民间借贷市场。

民营经济兴，则中国兴。民营经济寄托着中国的未来，而"民间投资促进法"和"民间借贷法"立法能够推动中国民营经济发展。

三、"民间投资促进法"和"民间借贷法"立法的作用

第一，促进和规范民间投资和融资，帮助国民摆脱对收入和民生的近忧和远虑。中国经济要减少对出口和政府投资的依赖，就应当让消费在经济增长中发挥更大的作用。推动消费的最好出路，是激励巨大的民间资金进入实体经济和垄断行业，增加老百姓的收入，稳定和扩大中产阶级。

第二，可填补投资和融资法律空白。投资法和融资法在市场经济法律体系中不可缺少。虽然中国社会主义法律体系已经基本完成，但中国还没有任何一部投资法和借贷法。"民间投资促进法"和"民间借贷法"可填补投资和融资法律空白，满足中国社会民间投资和借贷的需求，进一步完善社会主义法律体系。

第三，实现投资和融资领域的自由公平竞争，提高中国的整体投融资效率，打破国有资本在部分行业的投融资垄断，平抑被垄断国企推高的物价，缓解中央政府治理通货膨胀的压力。

第四，能够引导游离于实体经济之外的庞大民间资本进入实体经济，追求长期利润，远离房地产、高利贷、艺术品、酒等资产泡沫，将投机行为变成投资行为，将炒作经济变为务实经济。

第五，有助于防范民间资本无端流入境外，防止形成投资移民潮。有了"民间投资促进法"和"民间借贷法"，当美联储加息时，民间资本和热钱就不至于大量流向美国，避免中国发生类似于东南亚金融危机一样的风险。

第六，通过投融资竞争可以提高中国的总体投融资效率，限制地方政府部门的"面子工程"和"政绩工程"，防范和化解地方政府投融资平台形成呆坏账，促进中国经济内涵式增长，实现科学发展。国有资本投融资是典型的用别人的钱为别人办事，难免浪费严重、效率低下。而民间投融资是用自己的钱为自己办事，自然成本低、效率高。促进民间投融资，在给予民间投融资市场机会的同时，竞争逼使国有投融资提高效率，降低成本。民间投资和民间借贷不仅能够创造财富，而且能够使社会财富最大化，是民富国强的必由之路。

第七，能增加就业量和就业率，提高国民可支配收入，扩大消费需求，增强经济长期增长的动力。老百姓有钱了，就会购买产品和服务，这样就会提高消费在国民经济中的比例，纠正过多依赖政府投资和出口的经济增长方式。

第八，有利于推动经济结构调整和产业升级，提高中国企业的国际竞争力。中国企业应当依靠国际竞争力进入世界五百强，而不该主要依赖在国内的垄断地位进入世界五百强。

第九，能使老百姓得到实惠，有利于改善民生，扩大中产阶级比例，缩小贫富差距，实现民富国强，让中国社会进入持久的稳定和真正的和谐状态。

四、"民间投资促进法"和"民间借贷法"立法不会导致国家经济安全问题

有人可能担心"民间投资促进法"和"民间借贷法"立法导致民进国退,引发国家经济安全问题。实际上,民进国退才是政治正确。中国改革开放30多年的历程,就是民进国退和发展市场经济的过程。民进国退的反面是国进民退,国进民退下去中国就会回到计划经济和"一大二公"时代。国进民退就是否定改革开放,否认改革开放取得的伟大成就,这与党的路线、方针和政策是背道而驰的。

发达的市场经济国家,鲜有国有企业存在,民营企业占据着关系国民经济命脉和国家安全的行业。这些行业并没有被民营企业不当控制和利用,国家经济安全问题不存在。美国不存在国有企业垄断铁路、金融、电信、能源、国防工业等行业的现象,但美国的经济安全和国家安全并没有被其他国家掌握。

手心手背都是肉。对于国家来说,国有投融资、境外投融资和民间投融资都能贡献税收、提供就业、促进经济社会发展,不该被区别对待。国家已经把保护民营经济的合法权益,鼓励和支持民营经济发展写入宪法。在政府部门,尤其是在主管经济的官员眼里,国有企业与民营企业应该是一样的。

如果说国有企业是"共和国的长子",那么,民营企业就是共和国改革开放之后生出的"小女儿"。"共和国的小女儿"属于中国,也姓"中国",能对中国的国民经济命脉和国家安全造成威胁吗?也许小女儿是更孝顺的孩子。实际上,民间投融资进入垄断行业导致中国的国民经济命脉和国家安全出问题,是少数人的杞人忧

天，完全是个伪命题。

民营经济强大之时，就是中国民富国强之日。"民间投资促进法"和"民间借贷法"立法有助于增加民众福祉，增强国家经济安全。

五、"民间投资促进法"和"民间借贷法"立法有利于统一实施《中华人民共和国预算法》、"非公36条"和"民间投资36条"

《预算法》第十九条规定，国有资产收益应当纳入预算收入，经济建设支出应当纳入预算支出。按照《预算法》的规定，国有资本投融资应当纳入预算并接受人大监督，但实际上国有投融资并没有执行《预算法》的规定，而是自己另搞了一套。

国务院《关于鼓励支持和引导个体私营等非公有制经济发展的若干意见》（"非公36条"）和《关于鼓励和引导民间投资健康发展的若干意见》（"民间投资36条"）实施效果甚微，但它们为"民间投资促进法"和"民间借贷法"立法，奠定了坚实的基础。

"民间投资促进法"和"民间借贷法"立法后，将与《预算法》、国务院的"非公36条"和"民间投资36条"成为配套的法律和行政法规，有利于这些法律法规在国家整体利益上统一实施。

"中华人民共和国民间投资促进法"
草案（建议稿）

一、为了促进民间投资，改善投资环境，拓宽投资渠道，保障国民自由投资的权利，推动经济可持续发展，创造更多的就业机会，让更多国民拥有财产性收入，实现民富国强，根据宪法，制定本法。

二、本法所称投资，是指资本所有者当期投入一定数额的资本，预期在未来获得收益回报的市场行为。

本法所称民间投资，是指中国个体经济、私营经济等非公有制经济组织和自然人（包括中国公民、常住中国的外国公民和无国籍人）在中国境内进行的投资。

三、民间资本投资与国有资本投资、境外资本投资具有平等的法律地位。

民间投资与其他类型的投资具有平等竞争权。

四、民间投资必须遵守国家的法律和行政法规，不得扰乱社会经济秩序，损害社会公共利益。

五、进行民间投资活动应当遵循平等、自愿、公平、互利、诚实信用的基本原则。

六、如何进行民间投资活动由合同约定。

合同有书面形式、口头形式和其他形式。当事人约定采用书面形式的,应当采用书面形式。

书面合同是指合同书、信件和数据电文(包括电报、电传、传真、电子数据交换和电子邮件)等可以有形地表现所载内容的合同形式。

七、民间投资当事人应当按照公平、互利、财富最大化的原则,确定投资各方的权利和义务。

八、民间投资应当遵循安全性、盈利性和流动性的经营原则。

民间投资者应当对其投资行为负责,依法获取投资收益,承担投资亏损。

民间投资者购买金融理财产品、股票、基金属于投资行为,不是借贷行为,应当承担相应的投资风险。

九、国家保护和鼓励民间投资。

国家保护民间投资者的投资、投资收益和其他合法权益,任何机关、单位或者个人不得侵占、损害。

国家支持和激励民间投资行为,对给社会公共利益作出巨大贡献的民间投资者予以适当的奖励。

十、国家对民间投资不实行国有化和征收。

在特殊情况下,根据社会公共利益的需要,对民间投资可以依照法律程序实行征收,并给予相应市场价值的补偿。

十一、民间投资形成的股权、财产、知识产权、投资收益和其他合法权益,可以依法转让、继承和赠与。

十二、民间投资者可以用现金、房地产、机器设备或者其他实物、知识产权、非专利技术等作为投资资本。

民间投资者可以用投资获得的收益进行再投资。

十三、国家对民间投资实行公平、公正和公开的准入原则。

民间投资者可以进入法律、行政法规不禁止民间投资的任何行业和领域。

十四、民间投资企业享有平等的国民待遇。

依照法律、行政法规和规章的规定，所有国有企业和外资企业享有的优惠待遇，民营企业自动享有。

十五、民间投资可以设立公司法人、合伙企业和个体工商户，也可以采用法律、行政法规不禁止的其他创新投资形式或组织形式。

十六、民间投资者应当根据法律法规的有关规定，为投资行为办理相应的备案、登记、审批手续。

十七、民间投资企业依照法律、行政法规和章程进行经营管理活动，其经营管理的自主权不受干涉。

十八、民间投资者依照法律和行政法规的规定，有权向境外投资市场自由投资。

十九、任何投资都存在一定的风险，民间投资者应当注重投资风险的控制和管理。

民间投资者有权在投入资本前进行可行性研究和风险论证。

二十、民间投资者或民间投资企业有权依法成立民间投资者协会或民间投资企业协会，以维护民间投资者或民间投资企业的合法权益，监督民间投资者或民间投资企业自律和规范经营。

民间投资者协会或民间投资企业协会的合法权益受法律保护。

二十一、民间投资、融资行为应当合法、规范，民间投资、融资者应当防止投资、融资刑事犯罪。

二十二、非经听证程序证明有民间投资、融资犯罪事实发生，刑事案件侦查机关不得干预或介入民间投资、融资当事人之间的投资、融资纠纷或经济纠纷。

二十三、因民间投资发生的争议，当事人可以通过协商或者调解解决。

当事人不愿协商、调解的，或者经协商、调解不成的，可以依据投资合同中的仲裁条款或者事后达成的书面仲裁协议，提交仲裁机构仲裁。

当事人未在合同中订立仲裁条款，事后又未达成书面仲裁协议的，可以向人民法院提起诉讼。

二十四、条国家鼓励、支持民间投资，尊重民间投资的市场选择，并对民间投资依法实行监督和管理。

二十五、条违反本法规定，对民间投资实行阻碍、限制或不公平对待的行为，应当承担相应的民事、行政、刑事法律责任。

"中华人民共和国民间借贷法"
草案（建议稿）

一、总则

1. 为了健全金融市场，促进民间借贷健康发展，实现民间借贷的阳光化和规范化，制定本法。

2. 本法所称民间借贷，是指自然人（包括中国公民、常住中国的外国公民和无国籍人）之间、自然人与非金融机构经济组织之间、非金融机构经济组织之间借出资金，收回本金和利息的市场行为。

本法所称的非金融机构经济组织，是指除银行、信用社、信托投资公司、金融租赁公司、证券公司、保险公司、基金公司、财务公司等需经金融监管机关批准设立的金融机构外的企业法人、事业法人、非法人经济组织、个体工商户等经济组织。

3. 本法所称借款人，是指需求资金并以还本付息为条件，与合法拥有资金的出借人建立借贷关系的自然人或非金融机构经济组织。

本法所称贷款人，是指将合法的资金所有权出借给借款人，以收取本息为条件与借款人建立借贷关系的自然人或非金融机构经济组织。

4. 贷款人资金的合法性，遵照《中华人民共和国物权法》的有关规定。

5. 民间借贷应当遵守国家的法律和行政法规，不得扰乱社会经济秩序，损害社会公共利益。

6. 民间借贷与金融机构借贷具有平等的法律地位和平等竞争权。

7. 任何机关、金融机构、非金融机构经济组织、自然人不得非法干涉民间借贷。

二、借贷约定

8. 民间借贷应当遵循平等、自愿、公平、互利、诚实信用的基本原则。

9. 民间借贷双方应当对其借贷行为负责，依法获取收益，承担借贷风险。

10. 民间借贷双方对借贷过程中获悉的另一方的商业模式、财务状况、知识产权、客户、账户等商业秘密和个人隐私等负有保密义务。

11. 借款人和贷款人可以就借贷金额、利息、借贷时间、借贷期限和偿还方式等内容自行约定。

12. 借款人和贷款人应当按照成本最低、财富最大化的双赢原则形成借贷合意，约定借贷双方的权利和义务。

借贷合同按照《中华人民共和国合同法》的有关规定执行。

13. 在任何一个借贷期限内，贷款人不得将利息计入本金计算复利。支付复利的约定无效。

14. 利息不得于放贷前在借贷本金中扣除。贷款人提前扣除的利息，不得计入贷款本金数额，应当按照实际借贷数额返还本金并计算利息。

15. 借款人和贷款人可以在借款合同中约定债权转股权的有关事宜。

16. 借贷双方都有权拒绝借贷约定内容以外的附加条件。

三、 借贷管理

17. 进行民间借贷的自然人已婚的，应当与配偶协商一致后，实施借贷行为。

第三人不知自然人没有借贷权利的，应当保护善意第三人的借贷权利。

18. 进行民间借贷的非金融机构经济组织，应当按照法律法规和组织章程规定的权限，实施借贷行为。

第三人不知非金融机构经济组织没有借贷权利的，应当保护善意第三人的借贷权利。

19. 公司进行民间借贷，应当按照《中华人民共和国公司法》的规定进行。公司董事、高级管理人员在不违反公司章程的前提下，经公司股东会或董事会同意或授权，可以将公司资金贷给借款人。

20. 贷款人可以向借款人发放信用贷款或担保贷款。

贷款人要求担保的，借款人应当提供担保。

21. 借款人向贷款人提供担保，按《中华人民共和国担保法》的有关规定执行，签订担保合同或在借贷合同中约定担保条款，办理担保手续。

22. 贷款人在行使担保权时，应当按照法律程序进行。

贷款人在维护自己的合法权益时，不得损害担保人的合法权益。

23. 贷款人未按照约定按时、足额提供贷款的，应当按照约定承担违约责任，并向借款人赔偿损失。

借款人未按照约定的日期、数额收取借款的，应当按照约定承担违约责任，并按照约定的日期、数额支付利息。

24. 贷款人和借款人转让债权债务的，应当按照《中华人民共和国合同法》的规定执行。

贷款人将贷款债权全部或部分转让给第三人的，应当以书面形式或公告形式通知借款人。贷款人未通知借款人的，转让行为无效。

借款人将借款债务全部或部分转让给第三人前，必须取得贷款人的书面同意。借款人未取得贷款人的书面同意的，转让行为无效。

25. 为了分散借贷风险，一个贷款人可以联合多个特定贷款人向一个借款人发放贷款，一个借款人也可以向多个特定贷款人借款，本法第三十条规定的情形除外。

以上情形，应经民间借贷全体参与方协商一致，不得恶意串通。

26. 为了防范贷款风险，贷款人有权就贷款事项购买商业保险，也有权要求借款人就借款事项购买商业保险。

27. 企业进行民间借贷，其利息收入计入应纳企业所得税所得额，其利息支出，在应纳税所得额中扣除。

28. 借款人和贷款人应当将民间借贷内容在工商行政管理部门或乡镇政府进行登记，或将借贷合同（或借据）、担保合同、银行付款凭证、收据复印件在工商行政管理部门或乡镇政府进行备案。

工商行政管理部门或乡镇政府应当及时了解民间借贷动态，并统计民间借贷有关数据。

四、法律责任

29. 借款人应当依法向贷款人提供申请借款的有关真实资料，不得隐瞒，不得提供虚假资料。

借款人对贷款人虚构事实或隐瞒真相，给贷款人造成损失的，不管处于民间借贷的什么阶段，均构成贷款欺诈。

构成贷款欺诈的，应当承担相应的民事、行政和刑事责任。

30. 民间借贷的借款人，不得与不特定的、广泛的自然人和非金融机构经济组织发生借贷法律关系。

自然人和非金融机构经济组织作为借款人，需要与不特定的、广泛的自然人和非金融机构经济组织发生借贷法律关系，欲将借贷作为主营业务，应当向金融监管机关申请批准，取得经营金融业务许可证，成为金融机构后方才允许。

没有取得经营金融业务许可证，就向不特定的、广泛的自然人和非金融机构经济组织借款的，应当承担相应的民事、行政和刑事责任。

31. 国家禁止借款人和贷款人以发展人头的方式进行资金传销。

进行资金传销的，应当承担相应的民事、行政和刑事责任。

32. 借贷一方以欺诈、胁迫等手段或者乘人之危，使另一方在违背真实意思的情况下所形成的民间借贷，受害人有权解除借贷关系，侵权方应当承担相应的民事、行政和刑事责任。

贷款人应当以合法的方式催收借贷本息，禁止进行暴力催收。贷款人以违法的方式催收借贷本息的，应当承担相应的民事、行政和刑事责任。

33.除公开发行国债和政府债券外，机关法人及其分支机构不得作为借款人和贷款人，进行民间借贷。

违反本条第一款规定的，机关法人及其分支机构的直接主管人员和其他直接责任人员，应当承担相应的民事、行政和刑事责任。

五、附则

34.本法适用于自然人与非金融机构经济组织进行的民间借贷，金融机构的借贷不适用本法。

35.本法规定的贷款资金币种包括人民币和外币。

后　记

牟其中的最后一任律师

无论是作为律师还是作为金融经济师，刘兴成质朴和诚实的行事风格一直都没有改变

刘兴成留给记者的第一印象并不特别。他面目清秀，笑起来会显得有些憨厚，总是非常细心地听完每个人讲的每句话，并不擅长高谈阔论和说客套话，甚至可以说他根本不会。这位从黄土高坡走出来的陕西汉子，身上总是带着那么一种特别的质朴和真诚。

早在两年前，记者与刘兴成便有过接触，两年中也不时有联系，彼时的他，是以牟其中最后一任代理律师的身份出现的。

为牟其中辩护

"刘兴成像个真正的律师。"这是牟其中及南德集团代理人夏宗伟在接触众多律师后对刘兴成的评价。

"日用品换飞机"、"发射卫星"、"开发满洲里"是让牟其中风光无限的三件大事，正是为了完成宏伟的"卫星计划"，在融资无门的情况下，牟其中铤而走险利用XGI担保吸取境外资金，而后直接导致了其被冠以"信用证诈骗罪"第三次锒铛入狱。

从1998年到2002年，震惊全国的牟其中案历时4年，在这场漫长、曲折的马拉松式诉讼中，牟其中的代理律师走马灯般地换了又换，前后接手的律师多达数十人，没有一人能够自始至终坚持到底。最终南德集团几近瘫痪，业已无力支付高额的律师费，此时案件二审终结，到了最关键的时刻。

由于牟其中与天则经济研究所曾有接触，2002年，一份有关牟其中案件的材料被送到了天则经济研究所，作为天则经济研究所的法律顾问，材料又被转交到了刘兴成手里。出于一直以来对牟其中案的关注，刘兴成对该案马上产生了浓厚的兴趣。

此后，刘兴成与南德集团代理人夏宗伟取得了联系，并对案情进行了更深入的了解。他专程赶往武汉洪山监狱看望了牟其中，还给牟其中赠送了卡耐基和韦尔奇的书籍。刘兴成的正直和热情感染了夏宗伟，其当即提出要刘兴成做牟其中的法律顾问和代理刑事申诉的要求。

接与不接之间刘兴成经过了反复的思考、权衡。接手这样的案子不但经济上会有所损失，因案件牵扯面过大，涉及众多方面的名利得失，在代理过程中甚至还会面临政治风险。最终，本着对案件性质的认定和对中国司法进程的贡献考虑，刘兴成从云南"全国十佳律师"马军手里接过了接力棒。

在代理过程中，刘兴成把目光集中到了对信用证的性质与运作规则的法学认识上。从证据、法律依据、信用证规则、同一法院湖北省高院民事判决和刑事裁判自相矛盾等方面，刘兴成得出牟其中案信用证诈骗罪不成立的结论，但司法机关对牟其中刑事案件申诉和民事案件再审拖延至今，没有结论。

在南德案件之后，不断有类似的所谓"信用证诈骗"案件发生并被判决。通过认真调查、研究，并与经济界、金融界、法律界的许多专家进行探讨后，刘兴成认为，在我国经济日益国际化的今天，加强对信用证的认识已经成为司法工作中十分迫切的问题。

2003年以来，刘兴成对国内已经判决的几起信用证诈骗大案进行了分析，对这些案件的定性与判决都提出了质疑，并列举了近年来定性错误的6大信用证诈骗案。随后，刘兴成又撰写《信用证诈骗大案为何定性错误？》一文，把认识上的错误归纳为信用证诈骗罪认识10个误区。

"一个知名的信用证诈骗错案，会导致连锁错案，连锁错案会威胁我国银行业、外贸业和司法界的根本利益和长远利益，损害国家利益。"本着这样的想法，2004年，刘兴成把自己关于改进我国经济司法工作的文章和关于南德案件的意见上书给了国家领导人以及主管政法工作的众多部门。

刘兴成的上书马上得到了回复，据牟其中方面的信息，一位国家领导人对此做了批示。2004年4月7日，最高人民法院向社会公布了《关于审理信用证纠纷案件若干问题的规定（征求意见稿）》，广泛征求社会各界对该司法解释征求意见稿的意见和建议。2006年，最高人民法院关于信用证的规定和说明正式发布，并开始执行。对于刘兴成在信用证诈骗认定上的贡献和牟其中案的影响，《南风窗》做了一篇该杂志有史以来最长的报道。

给茅于轼做part-time助理

1985年以前，刘兴成还在陕西绥德过着面朝黄土背朝天的生活。1985年，他参加了高考，考入了延安大学政教系，毕业后被分配到当地中学做教师。1年多后不满于现状的刘兴成又参加了中国人民大学的研究生考试，开始国际关系与国际法的学习。在人民大学就读期间，刘兴成选修了我国知名经济学家魏杰教授的经济学课程"经济运行机制分析"，并得到了一个"优"。这在当时给了刘兴成极大的鼓舞，"魏杰教授的课程是出了名的严格，就算是经济学本专业的学生得优的也是少之又少。"

从那时起，刘兴成开始对经济学产生了兴趣。而在上学期间的一个偶然机会，让他开始向更高层次迈进。当时刘兴成的硕士论文题目预定为《经济发展与环境保护的国际合作》，由于那时信息不发达，只能通过图书馆查阅资料，在人大图书馆论文检索上，刘兴成发现有个叫茅于轼的人写了很多环保方面的文章。

刘兴成便兴冲冲的跑去找茅于轼。找到社科院后，工作人员告诉他，茅教授刚退休，自己办了研究所。刘兴成仍不罢休，又来到天则经济研究所，直接找到了茅于轼请教。

经过一番指点和攀谈后，茅于轼对这个直爽真诚的陕西小伙十分中意，当即提出要刘兴成留下来给自己当助手，听闻这一消息的刘兴成大喜过望，但随即又考虑到自己还没毕业无法参加工作，谁知茅于轼诙谐地说，"没毕业可以做'part-time'（兼职）嘛"。说到这，刘兴成笑了起来，"茅老师的英语是非常棒的，只是当时我不知道什么叫'part-time'，还差点闹出笑话来。"

就这样，刘兴成在茅于轼身边做了两年的"part-time"助理。这让刘兴成受益匪浅，茅于轼的为人之道和治学之道深深地影响着刘兴成。"在茅老师身边，我学到了很多东西，不单单是知识，更是为人和为学的一种态度和精神。这不仅让我奠定了一个好的基础，也让我从此对经济学的理解更深了一层。"

1994年，28岁的刘兴成研究生毕业，并决意南下去市场经济最发达的广东谋求生路。几经选择后，刘兴成去了中国农业银行广东省惠州市大亚湾支行下属分理处工作，随后因其在银行业务中表现突出，遂从分理处调到支行，又调到惠州市分行和广东省分行工作。

就这样，从黄土高坡的一个普通农民，到中学教师，再到研究生，几年之后刘兴成从一个毛头小子变得渐渐成熟，银行的这个铁饭碗也使他的生活渐渐稳定。然而，1997年突发的一场事故让刘兴成的人生再次有了新的转折。

改变人生的交通事故

用刘兴成自己的话说，"英国戴安娜王妃死于交通事故那年，我也遭遇了同样的事情，只不过我比她幸运，我活了下来，并由此有了新的人生选择。"

1997年的一天早晨，刘兴成骑自行车从家里赶往单位上班，途经一家银行疗养院门前时，被一辆突然转向的黑灰色三菱越野车从侧面直接撞倒。当时他全身上下受了不少伤，最严重的是左肩锁骨处有几处骨折。

随后，根据当时的记忆和多方了解，刘兴成得知，开车撞倒他的司机竟然是交通银行广州分行的某行长。然而，待到刘兴成找上门的时候，肇事司机已经换成了交通银行的一名普通司机（顶包的司机利耀荣在事故处理期间被提升为了科长），肇事车辆也被调包为一辆普通的白色切诺基轿车，且对方因刘兴成要还原事实真相而拒绝了他提出的正当赔偿要求。

　　更让刘兴成气不过的是，该行长买通了交警，让原本正常行驶在自行车道上的刘兴成也背上了一定责任。出事之后，农行的领导也找到刘兴成，劝说其和解，不要把事情闹大。义愤填膺的刘兴成拒绝了领导的劝说，并请了律师打官司，谁知律师也被该行长买通，收了刘兴成的律师费只参与了调解，根本没有在民事诉讼中代理，一件黑白分明、责任清晰的交通肇事案件，交通银行广州分行居然要刘兴成承担次要责任。最终，刘兴成在两位广东律师同仁的帮助下，在法院起诉交通银行广州分行，维护了自己的合法权益。

　　交通肇事及处理过程刺激刘兴成最终成为一名律师。康复后，刘兴成辞去了银行的公职，参加了当年的司法考试并一举通过，拿到了律师执业资格证。但是由于没有得到及时的治疗，他的左肩也自此落下了病根，每逢阴天下雨便隐隐作痛，从背后看起来两个肩膀高低不平。

　　对于这样的经历，一向话少的刘兴成一直讳莫如深。"从那时起我开始领悟到了一件事，这个社会存在太多的不公平，这也是中国法制进程的一个写照，要想短时间内改变是不可能的，我能想到的唯一途径便是做一个律师，维护社会公平，以法制参与者的角度去促进社会的公益，去加速中国法制的进程。哪怕我的力量很单薄。"

　　采访当天正值阴雨天气，记者注意到，刘兴成在不断地活动左肩。在讲完自己的遭遇后，刘兴成释然地谈道："这是在不断地提醒我，做我能做的事，做我该做的事，不能做有悖社会公理和个人良知的事情。秉公理，敢说话，敢分黑白，这也是我作为一个律师的职业道德准绳。"

金融经济师和律师

对于自己钟爱已久的经济学，刘兴成从来没有放弃学习和研究，多年来扎实的理论学习和在银行工作的实务经验，让刘兴成在金融经济师和律师之间逐渐开辟出一条自己的新道路——"做一名真正意义上的财经律师"。

在刘兴成看来，"财经律师"的定义并不等同于只做经济案件的律师，考虑到自己的职业经历和律师专业化道路，刘兴成对自己的定位是，"做一名在法律界懂财经的律师，和在财经界懂法律的经济师"。

对此刘兴成解释道，"财经的定义要比经济更窄也更专业，不同于专打经济官司的律师，我的发展方向是专注于融资、投资风险防范和投融资领域的诉讼，做个人、家庭理财风险防范的顾问以及企业投资风险防范顾问。举例来说，现在银行和保险公司都在不断开发一些新的理财产品，但这其中有不少都是虚假宣传，一方面我可以帮助企业或者个人的投资维权，另一方也希望通过我的努力，促进金融机构服务质量的提高。"

对话刘兴成

《法人》杂志记者：在您看来，牟其中案在中国法治进程中扮演了怎样的角色？

刘兴成：事实上牟其中案反映的问题很多，主要问题出在法院、法官对现代经济的不熟悉，缺少对信用证业务实际的了解与体会，以及我国现有法律建设和执法跟不上经济社会发展的实践。信